대사들,
아시아 전략을 말하다

이선진, 신정승, 임홍재, 양봉렬, 조병제

대사들, 아시아 전략을 말하다

초판 발행 2013년 3월 20일

글 이선진, 신정승, 임홍재, 양봉렬, 조병제　**펴낸곳** (주)늘품플러스　**펴낸이** 전미정
기획·교정 방소은, 이동익　**마케팅** 조동호　**디자인·편집** 남지현, 조선희
출판등록 2008년 1월 18일 제2-4350호　**주소** 서울 중구 필동 1가 39-1 국제빌딩 607호
전화 070-7090-1177　**팩스** 02-2275-5327　**이메일** go5326@naver.com　**홈페이지** www.npplus.co.kr

ISBN 978-89-93324-45-7 03340　정가 12,000원
ⓒ 이선진, 신정승, 임홍재, 양봉렬, 조병제, 2013

이 책은 저작권법에 따라 보호받는 저작물이므로 무단 전재와 무단 복제를 금지하며,
이 책 내용의 전부 또는 일부를 이용하려면 반드시 저작권자와 (주)늘품플러스의 동의를 받아야 합니다.

대사들,
아시아 전략을 말하다

책을 내면서

2011년 11월 동남아시아의 여러 나라들이 중국의 부상에 대해 어떻게 대응하고 있는지를 정리하여 〈중국의 부상과 동남아의 대응〉이라는 제목의 책으로 엮어 냈습니다. 주제가 비교적 참신하였고 현지에서 근무한 대사들이 썼다는 점이 신기하였는지 주변으로부터 많은 격려가 있었습니다. 이에 고무되어 대사들이 다시 매월 만나서, 이번에는 〈동아시아 지역주의〉를 주제로 토론한 뒤 그 결과를 책으로 엮어 보았습니다.

  이 책에서 우리는 대한민국의 새로운 가능성에 주목하면서 그에 필요한 외교적 전략을 생각했습니다. 그 대상은 아시아입니다. 특히 동남아 지역에 관한 우리의 관심이 미국과 중국, 일본, 러시아 등 이른바 '4강'에 비해 현격히 떨어진다는 점을 주목하지 않을 수 없었습니다. 전략적 시각으로, 전략적 접근이 필요하지만 우리는 그러지 못했다는 현실이 이 책을 쓴 문제의식의 토대입니다.

1990년대 이후 동아시아는 성장통을 앓고 있습니다. 이 지역 국가들이 경제 위기를 함께 겪기도 하고, 동아시아 공동체를 만들자는 열기에 휩쓸리기도 하였습니다. 이제는 중국의 부상을 어떻게 관리해야 하는지, 미국과 중국의 세력 다툼에 어떻게 대응해야 하는지 등 이제까지 경험해 보지 않은 무척 어려운 도전에 부딪치고 있습니다.

이러한 전환기 국제정세 속에서 동아시아 국가들은 지역협력을 강화하여 공동 대응하려고 노력하여 왔습니다. 아세안+3, 동아시아정상회의, 아세안지역안보포럼, ADDM+, CMIM 등 다양한 지역다자협력 방안들이 그 예이며, 모두 아세안이 주도하고 있습니다. 동아시아 지역협력에 등을 돌리고 있던 미국마저 EAS에 가입하고 '아세안 중심주의'를 수용하는 모습까지 보이고 있습니다. 최근의 동아시아 국제정치 무대에서 지역주의, 지역그룹화가 대세로 부각되는 양상입니다.

한국 역시 1990년대 동아시아비전그룹을 주도하는 등 역내 다자협력에 열정을 보였으나 그 후 관심이 퇴조하였고 지금은 다자협력 논의에서 뒤처진 감이 있습니다. 2012년 대사 모임은 이러한 문제의식에서 출발하여 모임의 주제를 동아시아 지역협력에 초점을 맞추었습니다. 중견국 외교를 지향할 수밖에 없는 한국이 최대한의 외교적 공간을 확보할 수 있는 방안의 하나가 지역다자협력이라고 본 것입니다.

이 책은 모두 5편의 글과, 저자들이 원고를 끝내면서 동아시아 지역협력이 한국 외교에 미치는 함의에 관하여 좌담회를 나눈 결과로 구성했습니다. 5편의 글은 '동아시아 지역협력의 태동과 발전'이라는 주제하에 동아시아 지역협력을 개괄적으로 소개한 뒤 '한중일 3국 협력', '두만강유역개발계획', '메콩 유역 개발계획', 'ASEAN 경제공동체' 등 (소)지역협력의 구체적 사례를 다루었습니다.

이 5편의 글은 동아시아 지역주의의 모든 부분을 다루지 못했습니다. 그럼에도 불구하고 한국의 외교적 시야에서는 그 전략적 중요성이 점증하고 있는 동아시아의 가능성과 한계를 이해하는 데 조금이나마 보탬이 되리라 믿습니다. 아울러 우리는 이를 계기로 동아시아 지역주의를 치밀하게 살피는 국내의 전문가 글들이 많이 나오기를 기대합니다.

끝으로 대사들의 열의만을 보고 발간을 맡아주신 늘품플러스의 전미정 사장과 유광종 고문께 감사드립니다. 또한, 책의 교정을 맡아 세세하게 잘 정리해 주신 부경환 씨께 감사합니다. 마지막으로, 바쁜 중에도 좌담회에 참석하여 분위기를 한층 진지하게 만들어 준 외교부 남아시아 대양주국 서정인 심의관에게도 감사의 말씀을 전합니다.

2013년 3월

이선진, 신정승, 임홍재, 양봉렬, 조병제

Contents

책을 내면서

1장. 동아시아 지역주의: 태동과 발전　　　　**11**

2장. 한·중·일 지역협력과 3국 정상회의　　　**45**

3장. 두만강 유역 개발의 새로운 가능성 모색　**79**

4장. 2015년 아세안 통합　　　　　　　　　　　**109**

5장. 메콩 지역협력 현황과 우리의 대응　　　**141**

6장. (좌담회) 한국에의 함의　　　　　　　　**175**

참고문헌　　　　　　　　　　　　　　　　　**194**

Ulaanbaatar
MONGOLIA
GOBI
Hohhot
Yumen
Yinchuan
Hotan
CHINA
Xian
Chengdu
New Delhi
NEPAL
Lhasa
Chongqing
Jabalpur
BANGLADESH
Guiyang
INDIA
Kolkata
Macau
Hyderabad
BAY OF BENGAL
VIETNAM
Chennai

제1장

동아시아 지역주의:
태동과 발전

이 선 진

서강대학교 동아연구소, 전 주인도네시아 대사

1. 서론

이 글의 주제인 동아시아 지역주의regionalism는 학술적으로 많은 논쟁거리를 포함하고 있다. 우리가 '동아시아'라고 부르는 지역의 범위가 그 용어를 쓰는 용도나 사람에 따라 달라지고,[1] 지역주의에 대한 정의도 다양하기 때문이다.[2] 그러므로 이 글에

---

[1] 일례로, 일본 경제산업성이 매년 발간하는 통상백서는 2005년까지 동아시아를 동북아, 아세안 6개국, 대만, 홍콩으로 규정하고 있다. 그러나 2006년 이후부터는 인도, 호주, 뉴질랜드까지 포함하고 있다. 즉, 현재의 아세안+3+3에 대만과 홍콩을 포함하고 있는 것인데, 이는 2005년 동아시아정상회의(EAS)를 발족하면서 인도, 호주, 뉴질랜드를 추가하였기 때문인 것으로 보인다.

[2] 동아시아 지역주의를 개념화하려는 노력은 Peter J. Katzenstein, et al., *Asian Regionalism*, East Asia Program, Cornell University, 2000; Peter J. Katzenstein, "Regionalism in Comparative Perspective," *Cooperation and Conflict*, Vol. 31, No. 2, 1996; John Ravenhill, "East Asian Regionalism: Much Ado About Nothing?," *Review of International Studies*, Vol. 35, 2009; Amitav Acharya, *Regionalism and Multilateralism: Essays on Cooperative Security in the Asia-Pacific*, Times Academic Press, 2002; Lay Hwee Yeo, "Institutional Regionalism Versus Networked Regionalism: Europe and Asia Compared," *International Politics*, Vol. 47, No. 3-4, 2010 등 다수가 있으나 합의점을 찾지 못하고 있다.

서는 '동아시아 지역주의'를 한·중·일, 아세안 10개국, 대만 등 지리적으로 아시아 대륙 동부 지역에 있는 국가들이 개별적으로 해결하거나 성취하기 힘든 문제들을 공동으로 대응하기 위하여 정부 간 협력을 제도화하려는 노력이라고 정의한다.

대다수 학자들은 동아시아 지역주의가 1997~98년 동아시아 외환위기를 계기로 발생한 것으로 보고 있으며,[3] 그 발전 과정은 대체로 다음과 같이 나누어 볼 수 있다.

제1기는 외환위기 이전 단계이다. 이 시기의 주목할 만한 움직임은 아시아태평양경제협력체APEC의 발족과 동아시아 지역 생산 분업 체제의 발달이다. APEC 이전에도 아시아태평양이사회ASPAC, 태평양경제협의회PBEC, 태평양경제협력회의PECC 등이 있었으나 냉전시대의 한계를 벗어나지 못하였다.

제2기는 외환위기 이후 동아시아 지역주의의 태동 시기이다. 외환위기가 발생하던 해인 1997년 12월 말레이시아에서 개최된 아세안ASEAN 정상회의에 한·중·일 3국 정상이 초청되어[4] 아세안+3ASEAN Plus Three, APT 정상회의가 처음 열렸다. 그 후 각종 지역협력 증진 방안들이 나오고 급기야 유럽연합EU과 같은 동아시아 공동체 창설 구상마저 제기되었다.

제3기는 2005년 동아시아정상회의EAS 설립 이후 시기이다.

---

[3] John Ravenhill, *op. cit.*

[4] 중국은 국가주석, 일본은 총리가 참석하였으며, 한국은 김영삼 대통령이 아닌 총리가 대리 참석하였다. 아마 당시 외환위기에 대한 대응과 대선을 코앞에 둔 상황에서 대통령 자신이 직접 참가하기 어려웠을 것으로 보인다.

EAS 설립 과정에서 아세안 내부와 중·일 사이의 치열한 대립과 알력이 표면화되었다. 이러한 갈등은 동아시아 국가 전체가 참가하여 지역협력을 제도화하려는 지역주의 열의를 급속히 냉각시켰다. 반면, 작은 규모의 지역에서, 특히 동남아를 중심으로 하는 소小지역주의가 지역협력의 열기를 이어갔다.

제4기는 2009년 오바마 행정부 취임 이후 현재까지이다. 중국이 세계대국으로 발돋움하고 있는 시점에서 오바마 행정부는 아시아중시정책을 전개하였다. 미·중의 전략적 '경쟁과 협력'의 양상이 동아시아 지역주의에 새로운 전환점을 마련하고 있는 것이다.

동아시아 지역주의를 정부 차원의 움직임만을 두고 평가하면 갈등 구조만이 부각되면서 말만 많고 실천이 없는 '토론장'에 불과하다는 결론에 도달하기 쉽다. 그러나 토크숍 talk shop에 불과하다는 동아시아 지역주의는 폐기되지 않고 오히려 다양한 형태로 나타나고 있으며, 동아시아 지역협력에 냉담하던 미국마저 EAS에 가입하였다. 또한, 동아시아 경제가 정치적 대립과 마찰에도 불구하고 북미와 EU 경제권을 리드하는 형국이 되고 있다. 동북아와 동남아 사이 '지역공동체 의식'도 서서히 나타나고 있다. 이와 같이 동아시아 지역주의는 정부 주도로 지역협력을 제도화하려는 움직임과 민간 차원에서 지역 생산 분업 네트워크를 발전시키고 경제적으로 지역적 연계성 connectivity을 강화해 나가는 경제 흐름, 두 개의 트랙이 서로 영향을 주면서 변화하고 있다. 정부주도로 이루어지는 유럽EU이나 북미NAFTA의 지역주의와는 형성 배경과 발전 양상이 사뭇 다르다.

　이 글에서는 동아시아 지역주의의 시기별 변화 과정과 그 특징을 분석하였다.

2. 동아시아 지역주의의 발전

2.1. 아시아태평양경제협력체APEC의 탄생 1997년 이전

1980년대 말 세계 각지에서는 지역주의가 유행처럼 퍼져 나갔다.[5] 유럽연합EU, 북미자유무역협정NAFTA, 남미공동시장MERCOSUR 등이 모두 1990년대 초에 탄생하였다. 동아시아 국가들은 아·태 지역에 편입되어 일본과 호주를 중심으로 1989년 발족한 APEC에 참여하였다. APEC은 당초 국제무역·투자의 자유화를 추구하겠다는 목표를 가지고 출범하였으며, 1994년 보고르선언Bogor Declaration[6]에서 나타나는 바와 같이 APEC 회원국들도 경제성장과 지역협력을 확대하기 위하여 경제적 개방화·

---

[5] "Regionalism (international relations)," Wikipedia (2012년 11월 7일 열람)
[6] 1994년 인도네시아 보고르에서 개최한 APEC 정상회의에서 역내 선발국은 2010년까지, 후발국은 2020년까지 각자 무역·투자의 자유화·개방화 행동계획(action plan)을 제출하기로 합의하였다.

자유화 조치를 취해야 한다는 현실적 필요성을 인식하고 있었다. 미국은 1993년 APEC 시애틀 회의를 계기로 이를 장관급에서 정상급 회의로 격상하여 냉전 붕괴 이후 새로운 국제 환경에 APEC을 활용하고자 하였다. 다시 말하여, 아·태 지역에 참여할 유용한 도구이자 유럽 경제통합에 대한 대항마로서, 또한 당시 GATT 후속 체제 발족을 위한 협상을 촉진할 도구로서 APEC을 활용하고자 한 것이다.[7]

APEC은 미국, 일본, 호주 등 선진국 주도로 진행되는 가운데에서도 동아시아 국가들의 경제적 개혁·개방에 크게 기여하고, 동아시아 사람들에게 지역협력의 제도화 필요성에 대한 인식을 심어 주었다. 그럼에도 불구하고 이 기구는 회원국 사이의 정치·이념·문화·사회적 차이, 경제발전 격차 등 태생적 한계와 회원국들의 자율에 의한 자유화 추진, 개방적 지역주의open regionalism, 내정불간섭주의 등 구조적인 문제점을 함께 가지고 있었다.[8] 이러한 문제점들은 1997년 동아시아 외환위기를 계기로 표면화하면서 동아시아 국가들이 APEC에 대하여 가지고 있던 기대감은 실망감으로 변하였다.

---

[7] Vinod Aggarwal and Peter Volberding, "Beyond Bogor: Reflection on APEC's Future," *Japan Spotlight*, September/October 2010.

[8] APEC의 특성 및 문제점은 Edward J. Lincoln, "Taking APEC Seriously," Brookings Policy Brief Series No. 92, 2001; Rolf J. Langhammer, "Regional Integration of APEC Style: Lessons from Regional Integration EU Style," *ASEAN Economic Bulletin*, Vol. 16, No. 1, 1999 등 참조.

동아시아 지역 생산 분업체제 구축[9]

이 시기 또 하나의 특징은 동아시아 지역 생산 분업 네트워크의 형성이다. 동아시아 국가들은 1950년대 우선 일본을 시작으로 동아시아 신흥공업국NIEs, 동남아, 그리고 중국 순서로 경제성장정책을 추구하여 왔다. 그 과정에서 일본의 자본, 기술 및 발전모델이 동아시아 각국의 경제성장에 큰 영향을 미쳤으며, 이 지역의 생산 분업 네트워크 구축에 크게 기여하였다. 특히, 1985년 플라자합의Plaza Accord 이후 일본 해외투자의 급속한 증가는 동아시아 경제에 지대한 영향을 미쳤다.[10] 일본 정부는 자국 기업을 지원하기 위하여 공적개발원조ODA를 크게 늘려 수원국受援國의 도로, 항만, 통신 등 인프라 건설에 주력하였고, 수원국의 대외 개방과 무역·투자 자유화 정책을 유도하였다. 한편 한국, 대만, 싱가포르, 홍콩 등 동아시아의 신흥국들도 그동안 산업화로 축적된 자본과 기술을 바탕으로 1980년 후반부터 아세안과 중국을 향한 투자 진출을 시작하였다. 1991년도 아세안이 받아들인 외국인직접투자FDI 구성비를 보면

---

9 박번순, 〈아시아 경제, 힘의 이동〉, 삼성경제연구소, 2002; 박번순 외, 〈아시아 경제, 공존의 모색: 중국의 부상과 동아시아의 생존전략〉, 삼성경제연구소, 2005.

10 플라자합의에 따라 엔화 가치는 1985년 초 미화 달러당 254엔대에서 1988년 말 125엔 대로 가파르게 상승하였다. 이러한 가운데 일본 기업들은 생산비용을 절감하여 기업경쟁력을 유지하기 위하여 제조업 위주의 해외직접투자(FDI)를 본격화한다. 일례로, 1988년 그 규모는 80억 달러를 넘었는데, 이는 1980년대 상반기 연평균 10억 달러의 규모에 비추어 몇 년 사이 8배 이상 증가한 셈이다. 그 결과 '엔고'에도 불구하고 일본의 무역흑자 규모는 줄어들지 않았다.

NIEs의 투자 비중(27%)이 일본(20%)을 앞서고 있다.[11]

중국 경제에도 1990년대부터 개혁과 개방의 효과가 나타났다. 외국인 투자가 급증하면서 산업생산력과 대외 교역이 크게 증가하였다. 2001년 세계무역기구WTO 가입 이후 서구는 물론, 한국·일본·대만·아세안 화교자본의 해외 투자가 중국으로 집중되었다.[12] 중국은 아시아의 다른 선발 경제국들과 마찬가지로 외국자본을 유치하고 값싼 노동력과 생산기지를 제공하여 미국과 유럽시장에 수출하는 소위 '수출주도형' 경제구조를 구축했다. 한국·일본·대만 기업들은 자국본사, 아니면 다른 나라에서 생산한 부품과 소재를 중국으로 보내 조립·가공하여 완성품을 선진국으로 수출하였다. 중국 경제가 거의 30년 가까운 장기간 동안 연평균 10%대의 고도성장을 통하여 자본과 기술을 축적하고, 나아가 국내 소비를 진작하면서 이제 동아시아 경제의 제조업 중심은 일본에서 중국으로 넘어갔다. 후발국으로 따라오던 중국이 오히려 앞장서는 형국이 된 것이다.[13]

1980년대 이후 동아시아 경제는 일본-NIEs-아세안-중국

---

[11] Kazuhiko Ishida, "Japan's Foreign Direct Investment in East Asia: Its Influence on Recipient Countries and Japan's Trade Structure," in Philip Lowe and Jacqueline Dwyer (eds.), *International Integration of the Australian Economy*, Reserve Bank of Australia, 1994.

[12] 일본의 대중국 투자는 2002년 NIEs, 아세안에 대한 투자를 넘어선 후 급증세를 보이고 있으며, 이즈음 한국 기업에 있어서 중국이 최대 투자선호 지역으로 등장하였다.

[13] 중국이 동아시아 경제의 선두를 차지함에 따라 동아시아 성장 패턴에 관한 새로운 연구들이 나오고 있다(박번순, 앞의 책, 10장).

으로 넘어가는 단계별 경제발전,[14] 그리고 외국 투자를 유치하여 생산제품을 미국과 유럽시장에 수출하는 수출주도형 경제구조 등의 특징을 지니게 된다. 이러한 지역경제 성장의 중심에는 국제경쟁력을 높이기 위하여 부품·소재 산업을 중심으로 지역 생산 분업체계를 확대·발전시킨 민간 기업들이 자리 잡고 있다. 이러한 생산 분업체계의 발달로 동아시아 경제는 EU나 NAFTA와 달리 공식적인 협력기구가 없음에도 불구하고 〈그림 1〉과 같이 역내 무역 비중이 비교적 높다.

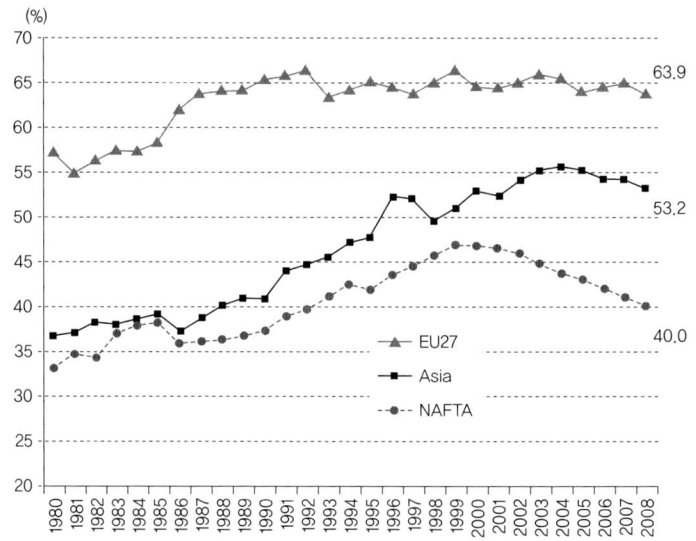

그림 1. 세 경제권의 역내 무역 비중[15]

---

[14] 소위 "기러기형(flying geese)" 지역 경제발전 모델을 의미한다. 즉, 선두에 선 일본 경제의 성장모델을 모방하여 NIEs, 아세안, 중국이 기러기 떼가 날아갈 때처럼 뒤따라가는 모양이다.
[15] 일본 경제산업성, 〈2010년 통상백서〉.

현재 동아시아 경제는 인도를 포함할 경우 인구와 GDP 규모에서 미국이나 EU 경제권을 넘어서고 있으며,[16] 세계 외환보유고의 60% 이상을 보유하고 있다. 일본 경제산업성에 의하면 동아시아 소비시장 규모도 조만간 두 경제권을 능가할 것으로 전망하였다.[17] 이러한 성장 속에서 경제적 지역 연계도 계속 강화되고 있다. 예를 들어, 1990년대까지 한국경제는 무역·투자 영역에서는 대미 의존형 구조였다. 그러나 지금은 무역, 투자, 인적 교류의 50% 이상을 동아시아 지역과 하고 있다. 이러한 현상은 중국·일본·아세안 경제에서도 마찬가지로 일어나고 있다.

2.2. 동아시아 지역주의의 태동 1997~2005년

1997년 태국에서 시작된 경제위기가 몇 개월 사이 말레이시아·인도네시아·필리핀을 거쳐 한국을 강타하였다. 동남아와 동북아 경제가 연결되어 있음을 보여주는 예이다. 동아시아 외환위기는 결과적으로 APEC의 취약점을 노출시켰다. 1997년 및 1998년 APEC 정상회의 의장성명은 동아시아 위기에 대하여 자유화를 더욱 가속화할 것을 주문하고 있다. IMF의 대응 conditionality도 경제 분야의 개혁은 물론, 실질적으로 정치·사회·노동 개혁과 개방을 요구하고 있다. 여기에 서구 경제학자들은 동아시아 경제를 "유사 자본주의 crony capitalism"라고 비웃었으

---

[16] 전 세계에서 차지하는 GDP 규모 비중: 동아시아 28%, EU 26%, 미국 23%(2010년 IMF 자료).
[17] 일본 경제산업성, 〈2010년 통상백서〉.

며,[18] 미국을 비롯한 서구의 정부 인사들은 동아시아 경제가 위기를 계기로 서구 자본주의 체제로 전환하기를 기대한다는 발언을 서슴지 않았다.[19] 그러나 당시 위기 당사국 국민들은 개혁·개방에 대한 준비가 충분히 안 된 상태에서 너무 일찍, 그리고 빠르게 이루어졌기 때문에 위기를 초래하였다는 강한 불만을 가지고 있었다.[20] 실제 한국을 비롯하여 많은 나라에서 반미 감정이 일어났고, 이는 다시 IMF·세계은행·아시아개발은행·APEC 등 국제기구에 대한 불신으로 이어졌다.

이러한 외환위기가 절정에 이르는 시점인 1997년 12월, 아세안 정상회의가 말레이시아 수도 쿠알라룸푸르에서 개최되었다. 아세안은 이 회의에 한국·일본·중국을 초청하여 '아세안+3 정상회의'를 개최하였다. 의장국인 말레이시아의 총리 마하티르는 1990년에도 아세안[21]과 한국·일본·중국 사이의 동아시아경제협의체EAEC 창설을 제안하였으나 동북아 3국은 물론, 아세안

---

[18] William Safire, "On language: Crony capitalism," The New York Times, 1998. 2. 1.; David C. Kang, Crony Capitalism: Corruption and Development in South Korea and the Philippines, Cambridge University Press, 2002; Paul Krugman, "What Happened to Asia," paper for a conference in Japan, January 1998.

[19] 당시 미국 연방준비제도이사회(FRB) 의장 그린스펀(Alan Greenspan)은, "the Asia crisis would have two positive long-term consequences; first bring an end to crony capitalism in Asia and, second, hasten convergence of capitalism into on global pattern, or 'the Western form of free market capitalism'"이라고 언급하였다고 한다.

[20] 당시 한국 사회에도 소위 미국 및 서구의 음모론이 빠르게 퍼져 나갔다. 즉, 빠르게 성장하고 있는 동아시아 경제를 통제하기 위하여 서구가 위기를 조성하였거나 위기 대응에 소극적이라는 인식이 널리 퍼졌다.

[21] 이 당시의 아세안은 인도네시아·말레이시아·태국·필리핀·싱가포르·브루나이 등 선발 6개 회원국으로 구성되었다.

내부에서조차 지지가 많지 않았다.²² 그러나 경제위기 상황에서 동북아 3국도 아세안의 초청에 응하였고, 동아시아 지역주의에 매우 소극적이었던 일본마저 1997년 9월에 IMF와 같은 아시아 통화기금AMF 창설을 제의하여 미국을 포함한 모두를 놀라게 하였다.²³ 경제위기를 경험하면서 동아시아 지역협력을 제도화할 필요성에 대한 공감대가 크게 확산되었던 것이다.

실제로 당시 외환위기는 동아시아 전체에 엄청난 타격을 가져왔다. 해당국은 대규모 도산과 실업, 수출 감소 및 환율 파동과 적자 재정 등이 닥치면서 국가부도 위기에 직면하였다. 뿐만 아니라 32년 동안 장기 집권을 한 인도네시아 수하르토 정권의 붕괴와 같이 정치·사회적 변혁, 민주화운동과 노동운동 등이 벌어지면서 사회 전반에 그 영향을 미쳤다. 또한, 위기의 직접 당사자가 아닌 일본과 중국을 포함하여 동아시아 경제 전체가 큰 피해를 입었다. 그 결과 동아시아 경제의 특징이었던 경제 동력dynamism이 사라지고, 사회적 불안감이 지역 전체를 뒤덮었다.

이러한 위기 상황에서 APT가 탄생하였고, 그 이듬해 APT에 참석한 김대중 대통령은 각국의 현인들이 참여하는 비전그

---

22 EAEC 제안은 미국이 강력하게 반대하고, 한중일 3국도 소극적이거나 부정적인 반응을 보임으로써 실행되지 못하였다. 당시 한중일 3국의 최대 시장은 미국과 EU였다는 사실을 비추어 볼 때 마하티르 총리의 제안에 선뜻 응하기 어려웠다.

23 Phillip Y. Lipscy, "Japan's Asian Monetary Fund Proposal," Stanford Journal of East Asian Affairs, Vol. 3, No. 1, 2003. 동아시아 국가들은 일본 제안을 지지하였으나 미국의 강력한 반대 입장이 전해지면서 동아시아 지역의 지지 세력마저 급격히 약화되었다고 한다.

룹을 설립하여 지역협력 강화방안에 관한 보고서를 제출하도록 할 것을 제안하였다. 이 안이 채택되어 한승주 전 외교부장관을 좌장으로 한 비전그룹은 2년간 지역협력 증진 방안을 연구하여 그 결과를 정상들에게 보고하였다.[24] 비전그룹의 결과보고서는 정부 실무고위급 회의에서 다시 검토하는 과정을 거쳐 2002년 APT 정상회의에 최종적으로 보고되었다. 이 최종보고서는 경제·금융·정치안보·사회 등 다양한 분야에서 17가지 단기 협력사업과 9가지 중장기 협력사업을 건의하였으며, 그중 동아시아정상회의EAS의 설립과 동아시아자유무역지대 설립을 중장기 과제로 제시하였다.[25] 한편, 이와 별도로 2000년 태국 치앙마이에서 개최된 아시아개발은행ADB 연차 총회에서 재무장관들은 양자차원의 외환스왑 네트워크를 확대하기로 합의하였고,[26] 그 후 2003년 아시아지역의 채권시장도 발전시켜 나가기로 합의하였다. 무역 분야에서는 2001년 중국이 아세안에 대하

---

[24] APT 13개국이 참여한 현인그룹, 즉 제1기 동아시아비전그룹(East Asian Vision Group I)은 2년 간 토의를 거쳐 2001년 보고서를 정상회의에 제출하였다. 한편, 2011년 한국은 지난 10년 간 APT 실적을 검토하고 향후 진로를 건의할 현인그룹을 구성할 것을 제의하였다. 새로운 현인그룹인 제2기 동아시아비전그룹(EAVG II)는 윤영관 전 외교부장관을 좌장으로 1년 간 토의를 거쳐, 2012년 프놈펜에서 개최되는 APT 정상회의에 보고서를 제출하였다.

[25] EASG 보고서는 EAS 설립의 필요성에 관하여, "The EASG has come to the conclusion that, as a long-term desirable objective of the ASEAN+3, the EAS will serve to strengthen East Asian cooperation."이라고 건의하고 있다.

[26] 치앙마이이니셔티브(CMI)는 1990년대 외환위기와 같이 장차 외환부족 사태가 다시 발생할 때 각국은 보유외환으로 상호 지원한다는 내용이다. 양자차원의 CMI는 2010년 1200억 달러 규모의 다자차원의 스왑(CMIM)으로 발전시켰고 그 후 대출 규모를 2400억 달러 규모로 배증하기로 하는 등 착실히 발전하고 있다.

여 FTA 체결을 제안하였고 이어서 한국과 일본도 아세안에게 양자 FTA 체결을 제안하였다. 이와 같이 지역협력을 강화하고, 제도화하려는 열기는 2004년 동아시아정상회의EAS 창설 논의에 이르면서 절정에 이르렀다.

동아시아정상회의EAS 창설 논의[27]

이러한 동아시아 지역주의에 대한 열기는 EAS 설립 제안으로 최고조를 이루었으나 구체 방안에 관한 논의과정에서 역내 강대국 사이의 주도권 싸움으로 변질되었다.

2004년에 말레이시아는 이듬해 EAS 정상회의를 쿠알라룸푸르에서 개최할 것을 제안하였다.[28] 이 제안은 받아들여졌으나 참가할 나라, 의제 및 목표 등 구체 사항에 관하여 아무런 내용이 결정된 바 없이 제1차 회의를 2005년 말레이시아에서 개최한다는 원칙에만 합의가 이뤄졌다.

그 후 구체적 논의과정에서 핵심 사항에 관한 역내 참가국들의 입장이 확연히 나누어졌다. 첫 번째는 EAS 참가국 문제이다. EAS 개최를 제의한 말레이시아는 아세안 10개국과 한국·일본·중국 등 동북아 3개국, 즉 APT 회원만으로 EAS를

---

[27] 제1차 EAS 회의 개최 관련한 상세한 내용은 이선진, "인도네시아의 대중국 관계: Free & Active," 이선진 외, 〈중국의 부상과 동남아의 대응: 대사들의 진단〉, 동북아역사재단, 2011 참고.

[28] 2004년 APT 의장성명서, "10. The Leaders of the Plus Three countries supported ASEAN Leaders' decision to convene the first East Asia Summit(EAS) in Malaysia in 2005"

설립하자고 제안한 반면, 인도네시아는 APT 이외 역외국의 참가도 제안하였다. 두 가지 안이 크게 대립하는 가운데[29] 중국은 말레이시아안을, 일본은 인도네시아안을 지지하였다. 두 번째 대립은 APT에 추가하여 참가하기로 합의한 역외국을 누구로 할 것인가라는 문제였다. 장시간의 격론 끝에 2005년 7월 라오스에서 개최된 APT 외무장관회의에서 인도·호주·뉴질랜드 세 나라를 추가하기로 최종 합의하였다.[30] 그러나 문제는 이것으로 끝나지 않았다. 세 번째 대립은 '동아시아 공동체' 창설을 APT가 주도할 것인가, 아니면 EAS가 주도할 것인가 하는 문제였다. 이러한 논쟁의 결과는 '동아시아 공동체' 창설의 유보였다. 의장 성명문에는 이 부분이 'East Asia community'로 표기되었는데, 이는 EU와 같은 동아시아 '공동체Community'를 창설하기보다 '공동체 의식community'을 확산시킨다는 정도로 희석되었고, 그 주체도 APT·EAS·아세안+1이 모두 공동체 의식을 배양하기 위한 노력에 동참한다고 병기하였다.

---

[29] 하산 위라유다(Hassan Wirajuda) 전 외교부장관의 2007년 10월 2일 Chicago Council on Global Affairs 연설("Indonesia and the EA Regional Integration Process"). 하산 장관은 이 연설에서 "EAS 당초 제안은 ASEAN+3 참가국에 국한한다는 구상이었다. 그러나 나중에 인도네시아가 싱가포르의 지지를 받아 인도·호주·뉴질랜드를 포함할 것을 주창하여 실현되었다"고 회고하였다. 처음에는 모든 아세안국가들이 말레이시아안을 지지하였으나 인도네시아가 이를 끝까지 반대, 인도네시아는 싱가포르의 지지를 얻을 때까지 사면초가의 형세였다고 한다.

[30] 水本 達也(미즈모토 다쓰야), 〈インドネシア―多民族国家という宿命(인도네시아―다민족국가의 숙명)〉, 2006, 166쪽. 미즈모토는 2004년 당시 인도네시아 주재 일본 지지통신 주재원이었으며, EAS 창설을 두고 아세안 내 갈등에 관하여 상세하게 기술하고 있다.

EAS 창설을 두고 격돌이 일어난 이유는 단순히 회원국 확대문제가 아니라 '동아시아 공동체'가 중국 중심으로 발전되거나, 혹은 중국 부상의 도구로 사용될 가능성을 가장 우려하였기 때문이다.[31] 당시 APT에 추가하여 역외국의 참여를 고집하였던 인도네시아 외교부 장관에 의하면, 아세안+3만으로는 중국을 견제하기가 어렵다는 판단에서 인도·호주·뉴질랜드를 추가하자고 제안했다는 것이다.[32] 또 다른 우려는 동아시아 지역협력에서 '아세안 중심' 원칙이 끝날지 모른다는 가능성이다. 동북아와 동남아라는 두 지역을 구분하지 말고 '단일 혼합체'로 만들자는 말레이시아 구상은 일견 합리적인 것으로 보인다. 그러나 제1차 EAS 개최지가 말레이시아로 정해지자 중국은 제2차 회의 개최를 강력하게 희망하였다. 만약 그렇게 될 경우, 아세안+3와 ARF 등 지역다자회의가 아세안 국가를 의장으로, 아세안 지역에서만 개최된다는 '아세안 중심주의'가 무너지고 동북아 주도로 넘어갈 가능성이 크다는 우려가 제기된 것이다.

---

[31] 중국 인민일보는 일본이 중국 견제책으로 인도·호주를 끌어들였다고 보도하였다. 중국 외교부 대변인은 중국은 동아시아에서 '지배적인 역할(dominant role)'을 할 의사가 없다고 밝힌다. ("East Asia Summit: in the shadow of sharp divisions," *People's Daily*, 2005. 12. 7.)

[32] 필자가 2011년 8월 인도네시아를 방문하여 하산 위라유다 전 외교부장관과 장시간 대담을 통하여 청취한 내용이다. 하산 장관은 APT, EAS 설립 당시 인도네시아 외교부장관이다.

지역주의 열기의 퇴조

EAS 설립을 두고 중·일과 아세안의 대립 결과는 APT와 EAS를 병행 존치한다는 어정쩡한 타협을 가져왔다. 그 결과 동아시아 지역주의는 새로운 전기를 맞이한다. 첫째, 동아시아 지역 협력을 공고히 하고 제도화하려는 당초의 EAS 목표가 실종되고, 미국과 러시아가 가입하여 지금의 EAS의 정체성이 더욱 모호해졌다. 둘째, 외환위기 이후 고조되었던 동아시아 지역주의의 열기가 크게 퇴조되었다.

동아시아 지역주의가 단시일 내 EU와 같은 '공동체'로 나간다는 구상은 처음부터 무리였다. 2002년 APT 정부 관리들이 건의한 최종 보고서도 EAS를 중장기 계획에 포함시켰으며, 동아시아공동체 구상은 훨씬 후의 이야기이다. 그럼에도 불구하고 말레이시아가 2004년 이를 받아 2005년에 EAS 창설을 제의한 것은 너무 이른 감이 있다. 각국의 정치·경제·사회·역사 및 문화적 차이가 확연하고, 사회주의와 자본주의의 공존, 경제개발 격차의 확대 등 지역통합에 최소한의 버팀목이 될 공통분모가 거의 없었던 것이다. 여기에 각국 사이 역사적 부채 청산이 남아 있는 가운데 영토문제 등 다양한 분쟁거리를 지역 또는 국제적으로 해결해 보려는 노력도 없었다. 특히, 부상하는 중국에 대한 중국 주변국들의 전략적 이해도 모두 다르다. 물론 정치적 대립 속에서도 민간 기업을 중심으로 한 지역분업체제가 착실하게 발전되고, 외환위기를 경험하면서 지역협력의 필요성이 크게 부각되었던 것도 사실이다. 그러나 그것만으로 각국 사이의 이해 차이와 지역통합에 부정적인 요소들을 초월하기에는 부족하였다. EAS 설립 노력이 오히려 내재된 문제점들을 표면화하는 데 기여한 셈이다.

3. 동남아 지역의 소지역주의 sub-regionalism 의 활성화

EAS 설립 과정에서 아세안은 심하게 분열되었으나 이후 아세안의 결속을 다지려는 움직임이 다시 나타났다. 한편, 중국도 2000년대 들어서 국토개발 계획인 '서부대개발계획西部大開發計劃'과 외교 전략인 동남아 경제 진출 정책을 연계하여 동남아에 대한 접근을 강화하였다. 이러한 움직임들은 동아시아 지역주의의 퇴조에도 불구하고 소지역주의를 활성화시켰다.

3.1. 2015년 아세안 경제공동체AEC 창설

아세안은 내부 결속을 다지기로 하고, 그 일환으로 1967년 아세안 창립 후 처음으로 아세안 헌장ASEAN Charter을 제정하였다.[33] 또한 동아시아 지역협력의 실질적 중심이 되기 위한 능력

---

[33] 헌장을 만들자는 의제는 2005년 12월 발의, 2007년 12월 회원국들의 국내절차를 완료하여 2008년부터 발효된다. 아세안은 1967년 설립되었으나 관례와 컨센

배양 문제가 제기되면서 아세안 공동체를 창설하기로 하였다. 창설 시기는 당초 2020년에서 2015년으로 앞당겨졌다. 아세안 공동체는 정치·안보와 경제 및 사회·문화 세 개의 축으로 되어 있으나 그중 경제공동체ASEAN Economic Community, AEC가 가장 빠른 진전을 보이고 있다.

AEC는 2015년까지 '단일 시장 및 생산기지single market and production base'를 창설한다는 계획을 가지고 있다. 통계상으로 나타나는 주요 가시적 진전 상황은 다음과 같다.

▷ 아세안 내intra-asean 수입관세가 2000년 기준 4.43%에서 2011년 기준 평균 0.96%로 인하되었다.
▷ 아세안 각국들의 대외무역 최대 상대 역시 아세안 내 국가들로, 무역 총액의 25.5%를 차지한다. 이어서 중국(11.3%), EU-27(10.2%), 일본(10.1%), 미국(9.1%) 순이다.[34] 2010년 기준
▷ 아세안 내 외국인 직접투자는 아세안에 유입되는 총액의 16.1% 2010년이며 2003년 11.1%에서 꾸준히 증가 추세에 있다.
▷ 아세안 국가 출신의 관광객 규모는 아세안 방문 총 관광객의 47.2%이며, EU-27(9.5%), 중국(7.3%), 호주(4.7%) 순이

서스에 의하여 운영되어 오다 조직과 운영에 관한 규범을 제정한 것이다.
[34] 아세안 역내 국가 간 무역이 차지하는 비중은 2000년 22%에서 꾸준히 증가 추세에 있다. 그러나 필자는 비공식무역을 포함할 경우 역내 무역 비중은 훨씬 클 것으로 추정하는데, 일례로 태국과 미얀마 국경무역 관문 중 무역이 가장 왕성한 곳의 하나인 먀와디(Myawaddy)-매솟(Mae Sot) 관문의 경우 공식통계는 전체의 10% 수준밖에 안 된다는 보도도 있었다.

다. 2010년 기준
▷ 아세안 국가 간 전력을 수출입하기 위한 전력망이 15개가 있고, 다수의 추가 사업이 건설 중이거나 계획 중이다.
▷ 아세안 국가 간 도로 연결망은 거의 완성단계에 있으며, 도로망의 개선, 철도 및 항공망과의 연계, 국경 통과 절차의 간소화 사업 등이 전개 중이다.

대다수의 사람들은 2015년까지 아세안이 과연 단일 생산기지 및 시장으로 전환할 수 있을까에 대하여 고개를 갸우뚱하고 있다. 그러나 아세안은 현재 목표를 향하여 느리지만 꾸준히 나아가고 있다. 우리는 "느리지만"을 강조하기보다 "꾸준히"를 주목해야 한다.

3.2. 메콩지역개발사업GMS과 동북아 소지역주의

아시아개발은행이 1992년부터 추진해 온 GMS 계획도 메콩 유역의 경제통합에 크게 기여하고 있다. 이 계획은 중국을 포함하여 GMS 국가 사이의 도로망을 거의 완성하여 인적·물적 교류를 크게 증진시켰으며, 이는 앞서 언급한 아세안경제공동체 AEC 계획과 함께 동남아 소지역주의 중심 사업 가운데 하나이다.

한편, 동북아에서도 한·중·일 3국 협력, 두만강유역개발계획TRADP 등 소지역협력 사업이 진행되고 있으며, 남북한이 직접 관련되어 있다는 점에서 특히 주목할 만하다.

3.3. 중국 남부와 아세안의 경제적 연계[35]

중국은 아세안 대화상대국 가입1996년, 베트남과의 관계정상화 및 육지와 해양통킹 만 국경 획정1999~2000년, 아세안에 대한 자유무역협정CAFTA, 2001년 제의 등을 통하여 동남아에 대한 접근을 시도하였다. 중국의 대아세안 접근 정책은 당초 미국의 대중국 봉쇄정책을 피하고 중국 내륙 지역을 개발하기 위한 목적이었다.[36] 그러나 동남아 정책이 실효를 거두자, 다시 말하여 동남아 국가들과의 정치·경제적 교류가 확대되고 중국에 대한 동남아 사람들의 인식이 크게 개선되자[37] 중국은 이 지역에 대한 경제 진출을 본격화하였다.

이러한 중국의 전략은 윈난雲南성과 광시廣西장족자치구 등 중국 남부지방과 동남아의 국경지대 경제통합에 크게 기여한다. 중국은 자국의 국토 개발계획인 '서부대개발' 사업을 대동남아 경제 진출 전략과 연계하고 있다. 또한 GMS·아세안 등 기존의 지역다자경제기구를 적극 활용하여 국경을 넘는 도로망을 연결하고, 국경무역을 확대하도록 노력하였다. 그 결과, 중국이 아세안·홍콩·대만 등 대부분의 동남아시아 및 주변

---

[35] 중국의 대동남아 전략은 이선진, '중국의 대동남아 전략: 현황과 전망', 이선진 외, 〈중국의 부상과 동남아의 대응: 대사들의 진단〉, 동북아역사재단, 2011 참고.

[36] Sheng Lijun, "China-ASEAN Free Trade Area: Origins, Developments and Strategic Motivations," ISEAS Working Paper: International Politics & Security Issues Series No. 1, 2003.

[37] 중국이 남중국해 문제를 두고 1988년 베트남과, 1995년 필리핀과 무력 충돌을 벌였다. 그 결과 동남아 사람들 뇌리에는 중국위협론이 강하게 박혀 있었다.

국가들의 최대 무역 상대국으로 등장하였다. 특히 캄보디아·라오스·미얀마 및 베트남 등 접경국 및 주변국들의 경제가 중국 경제권에 많이 편입되었다. 중국은 2008년 세계금융위기를 계기로 동남아에 대한 경제 진출을 더욱 강화하고 있다.[38] 중국의 동남아 정책은 동남아 지역의 소지역주의를 활성화하는 데 크게 기여하였는데, 다음과 같은 사업들은 동남아 지역 전체를 대상으로 하고 있는 사례들이다.

▷ 쿤밍昆明-싱가포르 철도 연결: 쿤밍-라오스-태국-말레이시아-싱가포르 노선으로 확정하여 관계국 협의 중
▷ 쿤밍-미얀마 석유 및 가스 파이프라인 공사: 2013년 완성을 목표로 건설 중[39]
▷ 범 통킹 만北部灣 경제협력 계획: 인도네시아·필리핀·말레이시아사라왁 등 아세안 해양 국가들과의 수송망, 경제협력을 확대하기 위한 전략
▷ 250억 달러 규모의 '아세안 기금' 설립: 2008년 세계 금융위기 이후 아세안 국가들에 대한 금융지원 사업의 일환[40]

---

[38] 2008년 미국발 세계 금융위기 이후 중국의 동남아 정책을 세계대국으로 나아가기 위한 영역확대(sphere of influence)로 평가하기도 한다. ("Foreign relations of China," Wikipedia, 2012년 12월 열람)

[39] 중국이 중동·아프리카 석유와 미얀마 앞바다에서 생산된 가스를 미얀마를 경유하여 쿤밍으로 수송하기 위한 파이프라인이며 시베리아 및 중앙아 경유 노선과 함께 중국의 3대 파이프라인이다. 중국의 에너지 안보 차원에서, 또한 인도양으로 진출하기 위한 지름길이라는 측면에서 전략적으로도 매우 중요한 사업이다.

[40] 아세안 인프라 건설과 중국 기업의 동남아 투자 및 금융 진출을 지원하기 위하

▷ 인민폐의 국제화: 2008년 위기에 대응하여 동남아·대만·홍콩과의 국경무역에 인민폐 사용을 허용하는 등 인민폐의 국제화 전략을 단계적으로 실시

 그 결과 이러한 중국의 전략은 동남아에서 중국에 대한 불안감을 해소하는 데 크게 기여하고, 경제적 연계를 강화하는 데 성공하였다. 또한, 중국은 대륙부 아세안 국가들을 관통하는 메콩유역개발 사업에 중심적인 역할을 수행하고 있는 것과 같이 소지역협력의 중심에 자리를 잡고 경제·정치적 영향력을 확대해 나가고 있다.

여 설치하였다. 그 이후 중국의 동남아 투자 진출이 크게 증대되었다.

4. 오바마 정부의 아시아중시정책과 동아시아 지역주의

오바마 행정부는 아시아중시정책을 미국 외교정책의 핵심으로 삼았다. 오바마 대통령은 2012년 11월 재선 직후 태국·미얀마·캄보디아를 방문하여 동아시아정상회의에 참석하였다. 미국 대통령의 미얀마와 캄보디아 방문은 역사상 처음 있는 일이었다. 미국은 2010년 EAS에 가입하였는데, 이는 APEC 이외의 다른 동아시아 지역협력 기구에 가입하지 않기로 한 종래의 정책을 수정한 것이었다. 미국은 중국과 '경쟁과 협력'관계를 유지하는 한편, 역동적인 아시아 경제에 적극적으로 참여하기 위하여 미국의 존재감과 역할을 새롭게 높여 나가고 있다.[41]

미국의 아시아중시정책은 동아시아 지역의 정치·안보·경제

---

[41] 오바마 대통령, 클린턴 국무장관 등 미국 고위층의 아시아 정책에 관한 연설은 많이 있다. 2012년 11월 톰 도닐런(Tom Donilon) 백악관 안보보좌관은 오바마의 동남아 순방 출발 직전 대아시아 정책 전반에 관하여 설명하였으며, 클린턴 장관은 싱가포르에서 미국 대외정책 중 경제의 중요성에 관하여 연설하였다.

등 전반에 걸쳐 큰 충격을 주고 있으며, 동아시아 지역주의에도 큰 영향을 미치고 있다. 힐러리 클린턴 미 국무장관은 2010년 7월 ARF에 참석하여 미국이 다시 아시아에 관심을 두기 시작했다는 사실 "America is back in Asia"을 천명하면서 남중국해 문제에 대한 중국 입장을 맹렬히 공격하였다. 그 후 미·중 관계는 협력보다는 경쟁과 대립이 훨씬 두드러졌고, 그 결과 동북아에서 동남아·인도양에 이르기까지 아시아 전역이 긴장상태에 놓여 있게 되었다. 미국은 대아시아 외교 정책의 도구로 지역다자기구를 활용하고 있다. ASEAN·EAS·ARF·APEC·LMI메콩하류지역회의에 추가하여 환태평양경제동반자협정TPP 등 다양한 분야의 지역다자기구 활동에 참여하거나 일부 조직을 주도하고 있다.

미국과 중국 간의 대립 구조는 현재 동아시아 (소)지역주의의 장애 요인으로 나타나고 있다. 일례로, ARF에서 남중국해 문제를 두고 양국이 대립하거나, 중국이 메콩 강 유역과 미얀마에서 추진해 오던 대규모 댐 건설 사업이 미국 주도의 메콩 유역 협력 사업과 마찰을 빚거나 국제환경 단체의 개입으로 중단되기도 하였다. 미·중 대립은 아세안의 분열마저 일으키고 있다. 2012년 7월 캄보디아에서 개최된 아세안외교부장관회의는 1967년 아세안 창설 이후 처음으로 의장성명 없이 폐막되었다. 필리핀과 베트남이 남중국해 문제와 관련된 자신들의 입장을 의장성명에 포함시켜 줄 것을 요구하였으나 의장국인 캄보디아가 이를 거부하였기 때문이다. 캄보디아는 중국의 압력을 받아 아세안 동료 국가들의 요구를 거부하였으며, 필리핀과 베트남은 미국의 후원과 지지를 기대하고 남중국해 문제를 두고 강경한 자세를 취하고 있다. 이러한 현상은 같은 해 11월 캄보디아에서 개최된 EAS 정상회의에서도 재연되었다.

환태평양경제동반자협정TPP 對 역내포괄적경제동반자협정RCEP

미국의 아시아중시정책은 또한 동아시아 주도의 지역경제협력 방안에 직접적인 영향을 미치고 있다. 아세안은 2012년 아세안과 동북아 3국에 추가하여 인도·호주·뉴질랜드 등 16개국이 참여하는 역내포괄적경제동반자협정Regional Comprehensive Economic Partnership, RCEP을 추진하기로 정하였다. 지난 수년 동안 동아시아 경제협력 협정을 두고 중국과 일본안이 대립하여 왔는데, 중국은 아세안+동북아 3국만 참여하여 "지역 FTA"를 맺자는 방안이며, 이에 대해 일본은 아세안+동북아3국+인도·호주·뉴질랜드가 참여하여 투자·무역·인적 왕래 등 보다 "포괄적인 지역협정"을 맺자는 안이다. 두 안은 절충점을 찾지 못하였다. 그러던 중 일부 아세안 국가가 미국 주도의 환태평양경제동반자협정Trans-Pacific Strategic Economic Partnership, TPP에 참가를 표명하고,[42] 한·중·일 3국 간의 동북아 FTA 협상 개시 가능성마저 높아지자 아세안은 회원국 사이 분열을 우려하여 RCEP

---

42 아세안 중 TPP 협상에 참가의사를 표명한 나라는 브루나이·싱가포르·베트남·말레이시아·태국 등 5개국이다. 필리핀도 관심을 표명하고 있다.

협정을 추진하기로 정하였다고 한다. 한편, TPP에서 제외된 중국도 '지역협정'에 적극적인 자세로 전환하였고 그 결과 RCEP이 일본안에 가까운 방식임에도 불구 받아들인 것이다.

그러나 RCEP이나 TPP 모두 정치적 의미가 강하게 작용하여 추진된 만큼 얼마나 실효적인 성과를 거둘지는 미지수이다. RCEP에 참여하는 인도·호주·뉴질랜드는 아세안 및 동북아 3국과의 경제적 연계성이 크게 떨어진다. 인도·호주가 한국과 아세안 대외무역에서 차지하는 비중은 2~3%에 불과하다. 한편, TPP 협상도 세계 제2의 경제대국이자 무역대국인 중국을 배제하고 있고, 개방화 수준의 격차가 큰 나라들이 참여하여 높은 수준의 지적재산권 보호를 기대하는 미국의 요구를 얼마나 충족시킬지도 미지수이다.

동아시아 경제연계의 질적 변화

동아시아 지역협력을 공식으로 제도화하려는 동아시아 지역주의는 그동안 많은 변화 과정을 거쳤으며 변화를 계속해 나가고 있는 가운데 최근 동아시아 지역주의의 희석 가능성마저 제기되고 있다. 다시 말해, 지역 생산 분업 네트워크 국가들의 주축이자 동아시아 지역주의를 발전시키는 데 모태가 되어 온 아세안+3 협의체가 아세안+3+3에 미국·러시아까지 참여하는 동아시아정상회의 기세에 눌리면서 경제 이슈가 정치 이슈에 밀리고 미·중 대립이 이 지역 분위기를 압도하고 있는 것이다.

그럼에도 불구하고 동아시아 지역의 경제적 연계는 동력을 잃지 않고 있다. 중국이 일본을 대신하여 이 지역의 경제연계를 강화하고 있으며, 동북아를 대신하여 동남아가 성장세를 이어가면서 경제연계의 새로운 활력소 역할을 하고 있다. 동아시아 경제 성장의 축이었던 동북아 국가인 한국과 일본이 2~3% 이하의 저성장 기조로 들어서고 있다. 반면, 아세안은 2003~08년 연평균 5.8% 성장률을 보이고 있다.[43] 동아시아 경제의 축이 일본에서 중국으로, 또한 중국-동남아-인도서남아로 남하하면서 성장 동력을 잃지 않고 이어가고 있는 것이다.

이제까지 아세안 경제는 동북아에 비해서는 관심을 적게 받았지만 최근 들어 크게 부상하고 있다. 한국과 일본의 대아세안 투자가 대중국 투자를 상회하고 있고, 중국에 있어서 대아세안 무역은 대일본 무역을 능가하였다. 동남아 경제에 대한 낙관적인 전망도 우세하다. 그 근거로는 첫째, 베트남·캄보디아·미얀마 등 낙후된 나라들이 경제성장에 열을 올리고 있다. 둘째, 메콩유역개발을 위한 GMS, 2015년 아세안 경제공동체 설립 계획, 중국의 대아세안 접근 정책 등 지역경제 통합이 진행되고 있다. 셋째, 일본·중국·미국·EU 등 역외국의 참가이다. 여기에 추가하여, 아세안이 미국·중국·일본·인도 등 대국들의 갈등을 활용하여 정치적 주도권을 쥐고 있다. 지역협력기구아세안+3·EAS, 금융협력CMIM·채권시장, 안보협력ARF·국방장관회의, 무역협

---

[43] 2003~2008년 아세안의 성장률은 아세안사무국 통계

력FTA·RCEP 등 거의 모든 지역협력기구가 아세안 주도로 진행되고 있다.

앞으로 동아시아 경제에서 '중국의 중심' 역할과, 지역 협력에서 '아세안의 주도적' 역할이 동아시아 지역주의에 어떠한 영향을 미칠지 가장 주목해야 할 부분이다.

5. 맺는말: 향후 전망

동아시아 지역주의의 향후를 전망하기에는 예측하기 힘든 점이 너무 많다. 무엇보다, 핵심적인 역할을 하고 있는 미국이 태평양 세력인 반면 또 다른 핵심 세력인 중국은 아시아 대륙 세력이다. 정치·경제·사회적 배경도 전혀 다르다. 따라서 미국과 중국이 접합점을 찾는 동안 동아시아 지역주의의 당위성이 도전을 받을 것이다. 또한, 동아시아 국가들은 미국·EU 시장 의존 형 경제구조를 내수형으로 전환할 계획을 가지고 있는데, 이는 긴 세월을 필요로 하는 어려운 과제이다. 영토 분쟁, 역사 문제, 및 주도권 싸움도 수시로 불거질 것이다. 이러한 도전과 과정에서 동아시아가 지역 생산 분업 체제를 포함하여 경제적 지역 연계를 계속 강화해 나갈 수 있을 지는 미지수이다.

그러나 동아시아 지역주의 진로에 낙관적인 면도 적지 않다. 첫째, 동아시아 국가들이 지역협력의 필요성을 강하게 공감하고 있다. 지역협력이 가져오는 경제적 이익과 정치·안보·경제 위기에 대한 공동 대응이 제공하는 이점도 크다. 둘째, 미·중 공히 동아시아 지역주의를 적극 지지하고 있다. 양국은 어느 한쪽이 절대적인 영향력을 행사할 수 없는 한 지역주의의 발전을 지지하지 않을 수 없다. 셋째, 동아시아 경제적 연계성이 심화, 확산되고 있다. 앞에서 언급한 동남아 지역의 지역통합과 동아시아 경제가 인도·서남아 지역으로 확대되면서 새로운 성장 에너지를 발굴하고 있다.

이렇게 보면, 동아시아 지역주의는 당분간 대화의 장으로서의 '중요한' 역할을 계속 수행해 나갈 것으로 보인다. 그러다가 새로운 경제 위기, 안보 위기가 닥치거나 아니면, 미·중 관계에 구조적 변화가 오는 경우 동아시아 지역주의는 새롭게 변신해 나갈 것이다.

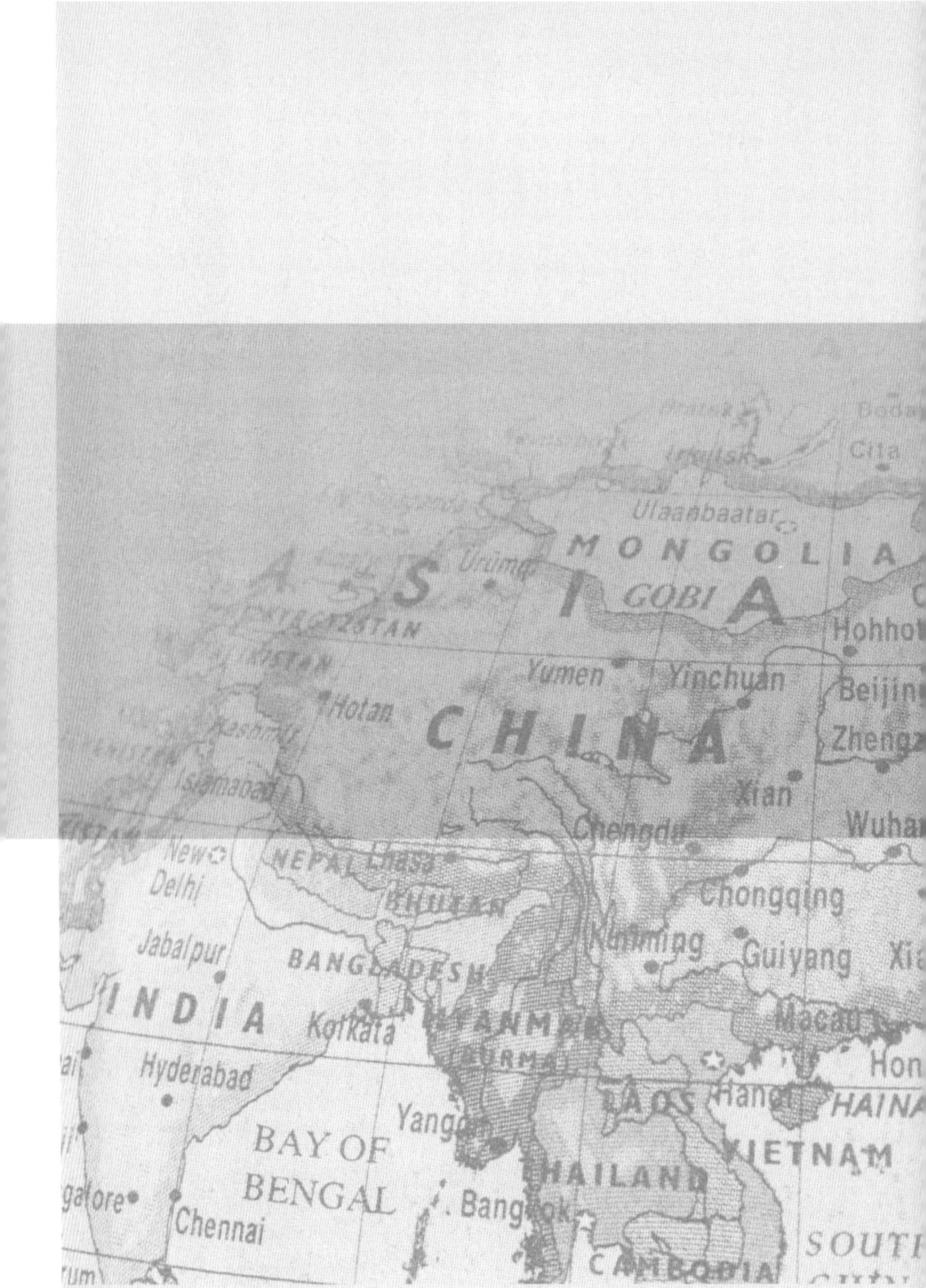
Ulaanbaatar
MONGOLIA
ASIA
GOBI
Hohhot
Yumen
Yinchuan
Hotan
CHINA
Xian
Chengdu
Wuhan
New Delhi
NEPAL
Lhasa
BHUTAN
Chongqing
Kunming
Guiyang
Jabalpur
BANGLADESH
INDIA
Kolkata
MYANMAR
(BURMA)
Macau
Hyderabad
LAOS
Hanoi
Yangon
BAY OF BENGAL
THAILAND
VIETNAM
Bangkok
Chennai
CAMBODIA

제2장

한·중·일 지역협력과 3국 정상회의

신 정 승

국립외교원 중국연구센터, 전 주중국대사

1. 한·중·일 3국 간 지역협력의 의미

1990년을 전후하여 베를린 장벽과 구소련의 붕괴 등 냉전체제가 와해되면서 세계화 움직임이 확산되고 많은 국가들이 경제 발전에 우선순위를 두며 지역 경제협력체 형성에 적극적인 관심을 보였다. 동아시아 지역도 정치체제의 이질성, 경제 발전 단계의 차이, 과거사 문제의 존재, 문화적인 정체성의 부족, 역내 주도권 경쟁이라는 장애 요인 등으로 비록 실현 가능성에 대해서는 의문을 품는 사람들도 적지 않지만, 이 지역의 항구적인 안보와 공동의 번영을 위해 지역통합 노력이 필요하다는 데에는 다수가 공감하고 있다.

동아시아 국가들은 특히 1997년 아시아 금융위기를 겪으면서 미국 신용평가회사의 평가나 투기성 자본이 동아시아 경제를 흔들어 놓았다는 점을 인식하고 다시는 동아시아 지역이 경제 위기에 빠져들지 않고 지속적인 발전을 이룩하기 위한 지역 내의 조치들을 검토하기 시작하였다. 이에 따라 아세안+3 협력이 1997년 이래 계속 진행되고 있고, 가장 범위가 넓은 동아시아정상회의EAS가 2005년에 출범하였으며, 몽골과 러시아 동부를 포함하는 동북아 지역협력 가능성도 거론되고 있다.

한·중·일 3국 간의 협력 문제 논의는 1992년 한·중 수교 이후 3국이 정상적인 국제관계를 갖게 되면서부터 현실성을 띠게 되었지만, 3국 간 협력이 정부 간에 공식적으로 출발한 것은 1999년 아세안+3 정상회의를 계기로 개최된 최초의 3국 정상회동이라고 하겠다. 이후 3국 간 정상회의는 2008년에 한·중·일 내에서 최초로 별도의 회의를 개최함으로써 새로운 추동력을 갖게 되었다. 2010년부터는 3국이 미래지향적이고 포괄적인 협력 동반자라고 지칭하고, 2011년 가을에는 한·중·일 협력사무국이 정식으로 발족함으로써 본격적인 협력의 틀을 갖추게 되었다.

한·중·일 3국은 경제적으로 상호 의존성이 매우 크고 문화적으로도 많은 교류가 있었으며 발전 잠재력이 대단히 큰 지역이다. 현재 한·중·일 3국은 합쳐서 전 세계 인구의 22%인 15억 2,500만 명의 인구를 갖고 있으며, 전 세계 GDP의 20%와 무역의 17.5%를 차지하고 있는 역동적인 지역이다. 한·중·일 3국 간의 경제관계와 문화적 교류는 계속 발전되고 있고 상호 의존도도 깊어지고 있다. 북핵 문제 등 주요 안보이슈에 대해 3국 간의 대화 필요성이 증대되었을 뿐 아니라 마약·환경 등 초국가적 문제에 대한 공동 대응이 필요해짐에 따라 3국 간 지역협력의 가능성을 높여주고 있다.

반면에 3국 간에는 특히 어느 지역보다도 일본 제국주의 침략으로 인한 과거사 문제, 댜오위다오釣魚島, 일본명 센카쿠같은 중·일 간의 영토분쟁과 해양경계 문제, 언어·인종·문화적 이질성, 역내 국가들 간의 정치적 주도권과 군비 경쟁, 한·중·일 3국에서 공히 확대되고 있는 민족주의 감정, 초강대국 미국의 아시아 회귀로 제삼국의 중대한 이해관계가 발생하는 등의 외적 요소들도 많이 존재하고 있음을 부인하기 어렵다.

그러나 2005년 EAS가 탄생하는 과정에서 발생한 동아시아 국가들 간의 의견 차이로 인해 동아시아 통합 논의가 정체되고 있는 상황에서는 3국 협력과 같은 소지역별 협력이 당분간 대안으로 유용할 수 있다. 또한 적어도 역사 문제와 관련된 영토 문제와 같이 현재 한·중·일의 양자관계에서 벌어지고 있는 첨예한 경쟁과 갈등 국면을 완화시키는 데 있어서 지역협력 논의는 적지 않은 도움이 될 수 있다. 따라서 한·중·일 지역협력 같은 소지역주의 움직임들이 모여서 궁극적으로 동아시아 통합에 기여할 것이며, 역으로 앞으로 동아시아 지역협력 논의가 다시 활성화된다면 한·중·일 3국 간 지역협력에도 긍정적인 영향을 미칠 것이라는 기대를 할 수 있다. 이런 점에서 한·중·일 정상회담을 통해 한·중·일 지역협력 같은 문제를 다루는 것은 나름대로 의미가 있다고 하겠다.

2. 한·중·일 3국 지역협력의 중요성과 3국의 입장

2.1. 3국 간 지역협력의 중요성

길버트 로즈먼Gilbert Rozman은 〈동북아시아 지역주의〉라는 책에서 냉전 종식 후에도 강대국들이 경쟁하고 있고 국가들 간의 분열이 지속되고 있는 동북아 지역은 서로의 차이점을 극복할 수 있는 틀과 함께 상업적 연계 강화를 위한 국가 간 관계가 필요하다고 언급하였다. 동북아 지역주의는 이 지역의 국가들이 익숙해져 있는 경제 발전 모델이 쇠퇴하는 것에 대한 대책이고 민족주의의 해악을 완화시키는 역할을 할 수 있을 것이라고 언급하는 등 동북아 지역협력의 중요성에 대해 기술하고 있다.

동아시아의 통합 문제가 1997년 동아시아 금융위기를 계기로 거론되기 시작할 정도로 역내 경제협력 문제는 지역협력 논의에 있어서 가장 큰 동인이기 때문에 현재 한·중·일 3국 간 협력에도 무역과 투자 부분이 가장 활발하며 아울러 많은 관심을 받고 있다. 중국 외교부의 간부가 베이징에서 개최된 2012년도 3국 정상회의를 앞두고 2012년 4월 기자들에게 행한 설명을 통해 3국 간 협력을 강화하는 것은 3국 자신의 경제사회 발전뿐 아니라 동아시아 경제통합 과정을 촉진시키고 세계경제의 성장에도 기여할 것이라고 언급한 것이나, 일본 외무성 홈페이지의 3국 정상회담 설명 자료도 3국 간의 무역 등 경제협력 현황을 제일 먼저 설명하고 있는 것이 이를 말해준다.

그렇지만 지역 내 경제 교류가 활발해지고 상호보완적인 협력관계가 강화되면 이는 역내 인적 교류를 더욱 활성화시키고 나아가서 역내 각국 간 이해와 신뢰를 높이는 데에도 크게 기여할 것이다. 그리고 자연스럽게 이 지역의 평화와 안정에 기여하게 될 것이다. 한·중·일 3국 국민들의 상호 왕래는 1999년 650만 명이었는데, 2011년에 이르면 1700만 명으로 약 2.5배 증가하였다. 제2차 세계대전 이후 또 다른 전쟁의 발발을 예방하기 위해 경제통합을 추진한 유럽의 사례에서도 알 수 있고, 2001년 동아시아 각국의 민간 대표들로 구성된 동아시아비전그룹EAVG이 작성한 보고서도 "평화·번영·발전의 동아시아 공동체East Asian Community of Peace, Prosperity and Progress"창설을 장기 비전으로 설정했듯이, 지역협력은 지역 안보 차원에서 긴장을 해소할 수 있는 중요한 요인으로 작용하게 될 것으로 상정하고 있다.

2003년 10월 인도네시아 발리에서 발표한 한·중·일 3국 협력에 관한 공동선언에서도 한·중·일 3국 간 협력 확대는 한·중 간, 한·일 간과 중·일 간 양자관계의 안정적인 발전을 도모할 뿐만 아니라 동아시아의 평화와 안정 그리고 번영에 기여할 것이라고 전제하였다. 세계화와 정보화 시대의 등장은 모든 국가들에게 발전의 기회임과 동시에 새로운 도전이 되고 있으며, 아시아의 주요국인 한·중·일 3국이 지역의 평화와 안정을 유지하고 모든 국가들의 발전에 공동의 책임이 있다고 밝혔다.

2.2. 한·중·일 각국의 입장

한국

2012년 5월 한국 외교통상부 자료는 한·중·일 3국의 경제 규모 및 동북아 정세 등을 고려할 때 3국 간 협력의 중요성은 매우 크다고 밝히고 있다. 구체적으로 한·중·일 3국은 전 세계 인구의 약 1/5, GDP의 1/5, 교역량의 1/6을 차지하고 있으며, NAFTA와 EU에 이은 세계 세 번째 경제 규모라고 언급하였다. 동시에 북한 문제 등 동북아 지역 내 불안정 요인이 상존하는 가운데 3국 간 지속적 대화와 협력의 필요성이 증대되고 있다고 말하고 있다. 이어 이러한 경제적·정치적 중요성을 갖는 동북아 지역에서의 3국 협력은 3국뿐만 아니라 지역 및 세계의 평화와 안정, 번영에 기여할 것으로 기대한다고 기술하고 있다.

사실 한국은 한·중·일 3국 간 협력에 적극적인 이해관계를 갖고 있다. 첫째, 한국은 지정학적으로 대륙세력인 중국과 해양세력인 일본의 사이에 놓여있다. 경제적으로도 한국은 일본의 첨단기술과 자본을 필요로 하고 중국의 막대한 시장을 활용해야 한다. 한국은 지난 수십 년간 국력이 크게 신장되어 중견국가가 되었지만, 각각 세계 2, 3위의 경제대국인 중국과 일본이 서로 안정적인 관계를 유지하는 것은 한국의 안보와 지속적인 경제성장에 매우 중요하다고 하겠다. 이런 점에서 동북아 3국 간 지역협력은 이러한 목적을 달성하기 위한 매우 훌륭한 제도적 장치라고 하겠다.

둘째, 한·중·일 3국 간 협력 시스템은 동시에 진행되는 양자 간 회담과 더불어 한국에 대해 외교안보 문제와 관련된 한국의 주요 관심사를 중국 및 일본과 협의할 수 있는 기회를 제공해 준다. 특히 북한의 무력 도발 억제나 핵 폐기 문제는 한국의 주요 관심 사안으로서 한·중·일 협력 시스템은 이러한 한국의 입장을 설명하고 중국과 일본의 이해와 협조를 구하는 데 있어서 좋은 대화 통로이다.

셋째, 중국과 일본은 상호 간 역사 문제로 인한 갈등이 크며 지역의 주도권을 위한 상호 간 경쟁이 심하다. 따라서 한·중·일 3국 간 지역협력을 추진하는 과정에서 한국의 이니셔티브가 중요한 역할을 할 수 있으며 그렇게 하도록 중국과 일본으로부터 기대를 받고 있다. 2011년 한·중·일 협력사무국이 서울에서 발족하게 된 것은 이러한 것과 깊은 관련이 있다.

일본

3국 간 정상회의가 일본의 오부치 총리에 의해 처음 제기되었다는 사실에서 알 수 있듯이 일본은 초기에 3국 간 협력에 적극적이었다. 하지만 중국의 부상이 현저해진 이후에는 일본이 다소 소극적인 자세로 돌아선 것으로 보인다.

일본의 오부치 총리는 3국 간의 역사 문제를 극복하고 미래지향적인 협력을 확대하자며 3국 정상 조찬회동을 제의했고, 아소 총리는 2008년 12월 최초의 별도 3국 정상회의의 개최에 즈음하여 3국 간 협력을 강화하는 것은 역사의 필연이라고 말하며 이러한 정상회담이 아시아뿐 아니라 세계의 안정과 번영에 연결되는 역사적 의의를 갖고 있다고 언급하였다. 또한 2008년 12월 14일 일본의 마이니치신문每日新聞 사설에서는 이번 한·중·일 정상회담에 대해 "서로 인접한 국가이면서도 이제껏 이러한 회의를 개최할 수 없었다는 것이 오히려 부자연스럽다. 체제의 차이와 영토 문제, 역사인식 문제와 같은 장애물을 뛰어넘어 3국 정상회담이 동아시아 안정장치의 축으로서 제 기능을 다할 것을 기대한다"라고 기술하고 있다.

이러한 점을 감안해 본다면 일본은 3국 간 협력을 통해 경제협력의 확대보다는 역사 문제의 완화 등을 통한 정치외교적인 안정에 더 비중을 두어왔던 것으로 여겨진다. 이런 맥락에서 세종연구소의 김성철 박사는 〈일본외교와 동북아〉라는 책을 통해 일본은 동북아 지역을 정치·안보·경제적인 면에서의 각축

장으로서 중국 및 러시아, 한국과 경쟁해야 하는 지역으로 인식하고 있기 때문에 경제협력을 하되 적극적이지 않으며, 미·일 군사동맹의 강화로 인해 정치적 협력도 서두르지 않는다는 입장이라고 보았다.

지난 10여 년간 일본 외교의 중심 화두는 중국의 부상에 대한 대응에 있다고 볼 수 있다. 미·일동맹의 강화나 2007년 아베 총리가 미국·호주·인도와 더불어 4각 협력 체제를 추진했던 일, EAS 등 동아시아 협력에 인도·호주·뉴질랜드를 포함시켜 중국의 영향력이 상대적으로 큰 아세안+3를 대체하려는 움직임 등은 중국의 부상에 대한 견제의 방향으로 이해될 수 있다. 그러나 한·중·일 3국 협력이나 하토야마 총리의 동아시아 공동체 구상을 통한 아시아중시정책은 중국을 협력의 틀로 끌어들여 동북아의 안정을 확보하려는 노력이라고 하겠다.

일본으로서는 민주주의와 시장경제를 공유하는 한국과의 연계 강화를 통해 중국에 대응할 수 있다는 생각을 가질 수도 있을 것이며, 최소한 3국 간 협력을 통해 한국·중국과의 양자 간 대화의 기회를 갖는다는 것은 의미가 있다고 생각할 것이다. 그러나 당초 일본은 3국 간 미래지향적 협력을 통해 역사 문제를 완화하려고 하였으나 역사 문제는 여전히 일본 외교의 부담으로 작용해 왔다. 고이즈미 총리의 야스쿠니 방문은 2005년에 3국 정상회의가 열리지 못하게 만들었으며, 최근에는 종군위안부 문제로 한·일 간에도 어려움을 겪고 있다는 사실이 이를 말해주고 있다.

중국

초기에 중국은 마지막에 동의할 정도로 3국 간 협력에 미온적이었으며 논의도 주로 경제와 문화교류 분야에 국한하기를 희망하였다. 초기의 이러한 태도는 한국과 일본의 의도를 확인해 볼 필요가 있었으며 아세안을 의식했기 때문이었다고 여겨진다. 그러나 지난 수년간 중국의 국력이 급상승하고 자신감을 갖게 된 이후에는 오히려 적극적으로 3국 간 협력을 추진하고 있다.

중국이 한·중·일 3국 간 협력에 적극적인 데에는 무엇보다도 미국에 대한 대응이라는 점에서 그 이유를 찾을 수 있다. 미국은 오바마 정부가 아시아 재균형rebalancing 또는 회귀pivot to Asia 정책을 통해 중국과의 협력을 강조하면서도 중국에 대한 견제를 위해 미·일동맹이나 한·미동맹 등 기존의 동맹관계를 강화해 나가는 추세에 있다. 중국으로서는 점증하는 국력을 바탕으로 한·중·일 협력 체제에서의 주도적 역할을 도모함과 동시에 미국의 대중 견제를 완화시키는 것이 필요하다고 생각했을 것이다.

둘째, 중국은 동북아에서의 다자안보체제를 적극 희망하고 있다. 한·중·일 3국 간 협력이 잘 진행된다면 향후 동북아 다자안보체제 형성에 긍정적인 영향을 미칠 것으로 기대할 것이다.

셋째는 중국 경제가 현재 양적 성장에서 질적 성장으로 구조조정을 해나가는 과정에서 일본·한국의 경험과 선진기술이 필요하며 이를 확보하는 데 있어서 3국 간 협력체가 유용하다는 점이다. 실제로 중국은 중·일 FTA는 가능성이 없다고 보고 한·중·일 FTA와 한·중 FTA에 매우 적극적인 자세를 보이고 있다.

3. 한·중·일 3국 간 정상회담과 협력 현황

3국 간 지역협력 문제는 과거부터 논의되어 왔지만, 3국 정상회담은 상징적인 차원뿐 아니라 실질적으로도 큰 의미가 있는 것이기 때문에 이를 3국 간 협력의 공식적인 시작이라고 말할 수 있다. 한·중·일 3국 간의 협력 추진 내용을 파악하려면, 비록 어떤 경우는 실제로 진전되지는 못했다 하더라도 3국 정상회담의 결과를 중심으로 제도화의 측면과 실질 협력의 추진이라는 양면에서 살펴볼 수 있다.

3.1. 한·중·일 3국 협력의 제도화

한·중·일 정상회담의 발전과정은 한·중·일 3국 간 협력의 제도화와 그 궤를 같이 한다고 볼 수 있다. 1997년 한·중·일 3개국은 대화상대국으로 아세안과의 정상회의에 참석하기 시작하였으며, 1999년에는 일본 오부치 총리의 제안에 의해 처음으로 한·중·일 정상 간 회의가 아세안+3 정상회의 개최 기간 중에 조찬 겸 비공식회의 형식으로 시작되었다. 2000년 11월 두 번째 한·중·일 정상조찬에서 한국의 김대중 대통령의 제안에 따라 이 모임을 정례화하는 것에 합의하였으며, 2002년 아세안+3 정상회의에서는 처음으로 조찬형식이 아닌 별도의 회담으로 한·중·일 정상회의가 이루어졌다.

이때까지는 3국 정상의 회동 자체에 의미를 부여하여 특별히 의제를 정하지 않고 자유로운 의견 교환의 형태로 진행되었으며 내용도 경제·문화와 인적 교류, 그리고 아세안과의 협력방안 등에 관한 것이었다. 그러나 2003년의 발리 회의에서 '한·중·일 협력에 관한 3국 공동선언'을 채택하고 2004년 비엔티엔 회의에서 공동선언 후속조치 이행을 촉진하기 위한 '행동전략'을 채택한 후에는 구체적인 협력사업의 성과 도출 노력에 논의를 집중하게 되었다. 또한 2003년 발리 회의에서는 비전통 안보 문제뿐 아니라 북핵 문제 등 안보 문제에 대해서도 토의를 하기 시작하였으며, 회의내용을 반영하여 발표한 3국 간 협력에 관한 공동선언은 한·중·일 3국 간에 경제 문제뿐 아니라 정치안보 분야를 포함하는 포괄적인 것이었다. 이 선언은 향후 3국 간 협력의 틀을 마련하였을 뿐 아니라 후속조치를 위해 외교장관을 수석대표로 하는 3자 위원회를 설치토록 함으로써 3국 간 협력이 본격적으로 제도화하는 데 크게 기여하였다.

2007년 11월 싱가포르 3국 정상회의는 한국의 제안으로 아세안+3의 틀 내에서가 아닌 3국 내 별도 정상회담 개최에 합의하였으며, 그에 따라 2008년 12월에는 아세안정상회의와는 별도로 후쿠오카에서 3국 정상회담이 최초로 개최되었다. 당시 3국의 정상들이 모두 역사적인 회의라고 평가했듯이 3국의 최고 지도자가 3국 내에서 회동한 것은 그야말로 역사상 처음 있었던 일로, 당시 현장에 있었던 필자로서도 감개무량함을 느낀 바 있다. 이후 3국이 매년 순차적으로 3국 정상회담을 개최하여 2012년에 5번째 3국 정상회담이 베이징에서 개최되었으며, 2013년에는 한국에서 열릴 예정이다.

한·중·일 정상회의는 그 하부구조로서 2001년에 시작한 외교장관회의, 통상장관회의, 재무장관 회의를 필두로 다양한 분야에서 장관급 협의체 18개를 포함해 모두 50여 개의 협의체가 가동되고 있고 협력사업도 민관을 포함해 100개 이상 진행되고 있다. 특히 2004년부터는 외교장관들이 책임을 맡고 있는 3자위원회가 가동되어 정상 간 합의사항의 이행과 사전조정 업무를 맡게 되면서 3국 간 협력 사업은 더욱 활기를 띠게 되었다. 2011년에는 3국 협력사무국이 서울에 설립되어 중심축으로서 3국 간 협력 사업이 체계적이고 유기적으로 추진될 수 있는 기반을 만들었다. 이러한 점을 본다면 한·중·일 3국 협력은 아직도 부족한 부분이 있지만 제도화의 측면에서 큰 성과를 거두고 있다고 하겠다.

3.2. 경제·사회 분야의 협력

한·중·일 정상회담이 시작된 1999년부터 2011년에 이르기까지 한·중 양국의 GDP가 크게 늘어나 전체적으로 한·중·일 3국의 GDP는 그 기간 동안 2.4배 신장되었고, 이는 전 세계의 20%에 달하는 수치이다. 한국은 4600억 달러에서 1조 1600억 달러로 신장되었고, 중국은 1조 800억 달러에서 6조 9900억 달러로 6배 증가되었다. 한국의 대외무역은 1999년 2600억 달러에서 2011년 1조 800억 달러로 4배 증가되었으며, 중국의 대외무역은 3600억 달러에서 3조 6400억 달러로 10배가 증대되었다. 그 기간 동안 일본의 대외무역도 2배 늘어 1조 6700억 달러에 달했다. 이에 따라 3국 간 교역량도 빠른 속도로 증가하여 왔다. 한·중·일 3국 간의 교역은 1999년에 1300억 달러로서 전 세계 교역액의 13% 정도였는데, 2011년에는 7000억 달러로 5배 이상 증대되었고, 전 세계 교역액의 20% 수준에 도달하였다. 현재 포춘Fortune지의 세계 500대 기업에는 한·중·일의 기업이 243개로 거의 절반에 가까운 수를 차지하고 있다.

이러한 것들이 모두 한·중·일 3국 협력의 결과라고 말하기는 어렵지만 적어도 한·중·일 협력이 이렇게 발전하는 데 어느 정도 기여를 했다고는 할 수 있을 것이다. 치앙마이이니셔티브CMI나 한·중·일 통화스왑협정 같은 금융부분에서의 협력은 동아시아 지역의 금융시장 안정에 큰 기여를 했고, 이에 따라 이 지역 국가들의 무역이 크게 신장되는 데 도움이 되었다고 하겠다. 2012년에는 한·중·일 FTA 교섭 개시가 선언되었으며, 2007년에 협상을 개시한 3국 간 투자협정은 2012년에 최종 체결되었다. 이 밖에도 황사 문제에 대한 공동 대응이나 에너지 전략 대화, 신재생에너지 포럼 개최, 한·중·일 물류 협력, 기후변화 문제 공동 대처, 캠퍼스 아시아 교육 협력, 한·중·일 청소년 교류 확대 등 공동으로 대응해야 할 다양한 문제에 대해서 심도 있는 논의를 해왔는데, 장기적으로 보면 이러한 모든 것들은 향후 한·중·일의 사회 안정과 경제력 확장에 큰 도움을 줄 것으로 기대된다.

3.3. 한·중·일 FTA 논의

WTO의 다자무역협상이 지지부진하고 있는 상황에서 한·중·일 3국 간 협력 확대는 동아시아 경제통합 논의와 더불어 경제에 있어서 상호 간 의존성이 큰 한·중·일 3국 간의 대외무역을 더욱 확대시키고 각국의 경제 발전을 지속하는 데 큰 도움이 된다. FTA가 경제통합의 가장 기초적인 단계라고 볼 때, 한·중·일 FTA 체결은 (물론 어떤 내용으로 합의되느냐에 달렸겠지만) 향후 관세 인하 등으로 3국 간 상품 서비스 교역에서의 거래비용을 감소시키고 투자를 활성화시키는 데 도움이 될 것으로 기대되고 있다. 또한, 한·중·일 FTA는 동아시아 FTA의 형성을 촉진할 것이며, 경제외적인 요소로서 3국 간 FTA는 개별 국가 간 정치적인 관계를 개선하는 데 큰 도움이 될 것이다. 희망적인 사항이기는 하나 3국 간의 경제관계가 긴밀해짐으로써 간접적으로 북한의 개방이나 남북통일에 유리한 환경을 제공해 줄 수 있을 것으로도 기대되고 있다.

한·중·일 3자 간 FTA 논의는 1999년 최초로 개최된 3국 정상회의에서 한·중·일 3국 간 경제협력 확대를 위한 공동연구를 추진키로 합의한 데서 그 기원을 찾을 수 있다. 이에 따라 2000년 11월에는 한국의 대외경제정책연구원KIEP, 중국 국무원 산하의 발전연구중심Development Research Center, 그리고 일본의 총합연구개발기구NIRA 간 공동연구가 개시되었다. 이를 기초로 2003년부터 2009년까지 한·중·일 FTA의 타당성에 대한 공동연구가 진행되었고, 2009년 베이징에서 개최된 두 번째의 별도 한·중·일 정상회담에서는 이 공동연구를 정부 차원의 공동연구로 격상시켜 한·중·일 FTA 산·관·학 공동연구를 실시키로 합의하였다.

한·중·일 FTA 산·관·학 공동연구는 2010년 서울에서 제1차 회의를 개최한 이후에 수차례의 회의를 거쳐 한·중·일 3국 FTA가 3국 모두에게 타당성이 있다는 결론을 내고 2012년 5월에 임무를 완료하였다. 이러한 공동연구의 결과는 3국 FTA가 양자·삼자 간 교역과 투자를 증진시킬 뿐 아니라 3국 간 협력의 제도화를 통해 3국 간 관계를 강화하고, 더 나아가 동아시아 경제통합에 기여할 것이라고 언급하고 있다. 또한 3국 FTA는 교역·투자에서의 장벽을 제거하고 경쟁을 통해 생산성을 향상시킴으로써 3국 경제의 상호 보완성을 증진시키므로

3국 모두에게 새로운 성장 동력이 될 것이라는 매우 긍정적인 결과를 도출하였다. 아울러 3국은 ① 포괄적이고 높은 수준의 FTA ② WTO 규범과의 합치 ③ 이익의 균형 ④ 민감 부문에 대한 고려라는 한·중·일 FTA의 기본원칙에도 합의하고 있다. 이에 따라 한·중·일 정상들은 5월에 베이징에서 개최된 정상회의를 통해 2012년 내에 한·중·일 FTA 교섭을 개시하기로 합의를 하였고, 현재 중·일 간 댜오위다오일본 센카쿠 영유권을 둘러싼 분쟁에도 불구하고 2012년 내에 교섭을 시작한다고 선언하였다.

3.4. 정치·안보 분야 협력

정치 및 안보 면에서의 3국 간 협력은 비교적 늦은 2003년에 다뤄지기 시작하였으며, 그 비중도 경제 분야보다는 작았다고 하겠다. 2003년 3국 간 협력에 관한 공동선언 마지막 부분에 3국 간 안보 대화를 강화하고, 군 관계자들의 교류와 협력을 촉진하며, 대량살상무기의 비확산과 군축에 협력한다는 내용이 들어 있다. 그 이후에도 수차 거론되었지만 선언적 내용 이상이라고는 하기 어려웠다. 다만 2002년 10월 미 국무성 켈리 차관보의 방북 시 북한이 핵무기 개발을 시인했다고 발표함으로써 제2차 북핵 위기가 발생한 후이기 때문에 3국 정상들은 북한 핵에 대해 논의하고 이를 선언에 포함시켰다. 이를 통해 한반도의 평화와 안정을 유지하면서 한반도의 비핵화와 대화를 통한 평화적 해결을 천명함으로써 북핵 문제 해결을 위한 기본 원칙에 대한 합의를 이룬 것이 성과라고 하겠다. 그 이후에도 북핵 문제는 3국 정상의 공통 관심사로서 2004년에는 6자회담의 조속한 재개를 위한 공동 노력의 필요성을 언급하였으며, 2007년에는 9·19 공동성명의 조기 이행을 위한 협력 강화를 언급하기도 하였다. 2009년 정상회의에서는 한국 측으로부터 북핵 문제 해결을 위한 그랜드바겐에 대한 설명이 있었고, 2011년에는 북핵 문제 해결을 위한 협력이라는 원론적인 수준의 논의가 있었는데, 결과적으로 보면 그 동안의 3국 간 협력이 북핵 문제 해결에는 별로 도움이 되지 못했던 것으로 보인다. 그 밖에 안보와 관련된 사항으로는 2010년에 천안함 사태와 관련 3국 간 공조가 협의되었고, 2011년에는 2012년 봄 예정되었던 핵정상회의의 성공을 위한 3국 간 협력이 논의되었던 정도라고 하겠다.

비전통 안보 분야에 대한 협력은 논의가 비교적 활발히 진행되었다. 특히, 재난관리 문제와 원자력 안전 문제는 2004년 12월 발생한 동남아의 엄청난 지진해일에 이어 중국이 2008년 5월에 쓰촨성四川省 대지진을 겪고, 일본마저 2011년 초에 동일본 대지진과 대규모 지진해일 피해를 입으면서 3국의 큰 관심을 끌게 되었다. 2005년 1월에 개최된 재난감소세계회의에서 한·중·일 3국 협력을 시작으로 지진재난 경감을 위한 3국 기상청장이 2010년까지 6회를 개최하였으며, 2008년 12월에는 중국 쓰촨성 대지진을 배경으로 3국 정상회의 후에 재난관리 협력에 관한 한·중·일 공동발표문을 발표하였다. 3국은 포괄적인 재난관리 체제를 개발하고 피해를 최소화시키기 위한 시스템을 마련하는 데 협력키로 하였으며, 이에 따라 3국 재난관리 기관 장회의가 2차례 개최되어 정보를 공유하고 공동연구를 추진하게 되었다. 이어 2011년에는 3국 정상들이 정상선언을 통해 재난관리 및 원자력안전 분야에서의 3국 협력의 중요성을 재확인하고, 동일본 대지진과 원전사고를 교훈삼아 재난관리에 관한 협력 문서와 원자력안전 협력에 관한 문서를 발표하였으며, 이에 따라 정부와 민간에서 이 문제에 대한 교류와 협력이 활발하게 진행되고 있다.

4. 한·중·일 3국 간 협력의 장애요소

4.1. 미국의 아시아 회귀와 한국, 일본과의 동맹관계 강화

최근 한·중·일 간의 영토를 둘러싼 마찰에서 알 수 있듯이 경제나 비정치적 분야에서의 협력 확대에도 불구하고 한·중·일 3국 간에는 협력을 저해하는 요소들이 적지 않게 존재하고 있다. 여러 가지 근본적인 요소들도 있겠지만 대부분 3국 간 협력이 시작되기 전에도 존재했던 것임을 감안한다면 필자는 최근 중국의 부상과 미국의 아시아 회귀, 역사 문제와 영유권 갈등 그리고 3국 내 민족주의의 확산이 서로 관련되어 있으면서 실제적으로 가장 큰 영향을 주고 있다고 보고 있다.

　미국이 아시아를 떠난 적이 없었다는 지적도 있지만 미국의 아시아 회귀 강조는 이러한 중국의 부상과 관련이 깊다고 하겠다. 2012년 1월 미 국방성의 새로운 국방전략 지침 Sustaining U.S Global Leadership: Priorities for 21st Century Defense"에서 알 수 있듯이 미국은 국방예산의 감축에도 불구하고 아태 지역에서의 군비는 계속 유지한다는 방침을 밝히면서 중국과의 협력을 중시하면서도 한편으로는 중국의 부상에 대응한다는 메시지를 강하게 주었다. 미국의 아시아 회귀는 미국이 노력하더라도 아시아 국가들이 이를 환영하지 않는 한 성공하기 어렵다. 그런데 2008년 국제금융위기 이후 중국의 부상과 중국의 공세적 대외정책은 아시아 국가들로 하여금 중국위협론에 귀를 기울이게 함과 동시에 이를 견제하기 위한 미국의 접근을 환영하는 분위기로 만들었다.

한·중·일 각각의 양자 간에 갈등이 발생하면 3국 간 협력에도 장애가 발생하게 될 수밖에 없다. 3국 간 협력의 확대를 통해 양자 간 갈등을 줄여나갈 수는 있지만 양자 간의 갈등이 더욱 커질 때에는 3국 간 협력이 정체되는 것은 피할 수 없을 것이다. 미국의 아시아 회귀를 통한 일본, 그리고 한국과의 동맹 강화 노력과 중국의 대응은 일본과 한국의 대중對中 관계에 영향을 미치고 있다. 중국의 한 학자는 2012년 9월 한국의 국립외교원이 주최한 학술세미나에서 2010년 미국의 적극적인 아시아 회귀 정책이 중국으로 하여금 북한의 전략적 가치를 다시 인식하고 북한에 더욱 다가가게 만들었다고 언급하였다. 중국이 천안함 폭침 사건이나 연평도 포격 같은 북한의 무력도발에 대해서 북한을 사실상 두둔하는 태도를 취함으로써 한·중 관계에 부정적인 영향을 미친 것은 이를 말해 준다.

북한의 지속적인 무력도발이나 핵개발은 한국으로 하여금

한·미동맹을 강화하는 방향으로 움직이게 만들었다. 중국은 한·미동맹에 대해 과거 역사적 경위에 의해 한·미동맹이 탄생하였고 그에 따라 주한미군이 존재해 왔다는 것이 현실이며, 또한 주한미군이 한반도의 평화와 안정에 기여해 왔다는 점에 있어서는 인정하지만, 한·미동맹이 중국을 목표로 할 것인가에 대해서는 우려를 하기 시작하였다. 한국은 2009년 북한의 미사일 발사와 제2차 핵실험에 이어 2010년 3월의 천안함 침몰과 11월의 연평도 포격 사건 같은 북한의 무력도발을 겪으면서 한국은 미국과의 군사동맹 강화를 통해 안보불안을 감소시키려는 노력을 하였으며, 이후 미국 항공모함의 서해 진입과 서해에서의 한·미 합동 군사훈련 등으로 연결되면서 중국의 반발이 표면화되기도 하였다. 중국은 또한 한·일 간의 군사정보보호협정이 중국을 대상으로 하는 일종의 한·일 간 군사적 제휴라고 생각하고 이에 대해서도 민감하게 여기기 시작하였다. 한국으로서는 북한의 무력도발에 대응하는 과정에서 일어난 당연한 일이었지만 중국으로서는 과거 왜구라든가 서양제국주의 침략의 역사적 경험에서 서해에 대한 안보 이해가 크기 때문에 이러한 움직임들이 북한이 아닌 중국을 겨냥한 것으로 보았다.

　일본은 전통적으로 동북아시아의 주도권을 놓고 중국과 경쟁해 왔다. 일본은 2003년에 유사법제를 만들고 이후 새로운 방위지침을 만들면서 미·일동맹의 적용 범위를 확대하였다. 지난 10여 년간 중국은 고도의 경제성장을 계속해 온 데 반하여 일본은 경기 침체와 대규모 자연재해로 어려움을 겪었다. 이에 따라 일본 국내정치적으로는, 물론 하토야마 총리의 짧은 집권 기간 동안 아시아를 중시하고 동아시아 공동체 제안도 하였지만, 최근 보수 우익의 아베 신조가 총리로 다시 등장한 것을 보더라도 일본 사회가 보수화되는 경향이 짙어지고 미국의 아시아 회귀와 맞물려 미·일동맹이 더욱 강화되는 추세에 있다. 중국은 미·일동맹이 일본의 방위만을 위한 것이 아니라 그 대상이 전 세계이며, 특히 대만해협의 유사시에 미·일동맹이 발동될 것이라고 상정하고 있었기 때문에 미·일동맹의 강화는 더 나아가 미국의 대중국 견제전략에 적극 동참하는 것으로 이해하고 있다. 마찬가지로 일본의 댜오위다오센카쿠 열도 국유화 결정도 이러한 강화된 미·일 동맹을 배경으로 하고 있는 것으로 보고 있다.

4.2. 역사 문제와 영유권 갈등

역사 문제는 어느 국가를 막론하고 과거를 돌아보고 현재를 인식하며 미래를 계획하는 데 있어서 매우 중요한 요소이다. 특히 과거 제국주의 시대 역사에 대한 일본의 인식은 3국 간 협력을 진전시키는 데 큰 장애가 되어 왔다. 2005년 고이즈미 총리의 야스쿠니 신사 참배에 대한 한국과 중국의 반발로 그해에 3국 정상회담이 열리지 못하게 되었던 것은 그 대표적인 예이다. 1995년 8월 일본의 종전기념일 50주년에 발표된 무라야마 총리의 담화는 "의심할 여지없는 역사적 사실을 겸허하게 받아들여 통절한 반성의 뜻을 표하며 진심으로 사죄한다"라고 함으로써 일본의 식민 지배를 가장 적극적으로 사죄한 것으로 받아들여졌다. 이후 일본의 모든 정권들은 무라야마 담화를 계승한다는 입장을 밝혔으나 표면적인 것이었을 뿐, 일본 정치지도자들에 의한 제국주의 일본에 대한 옹호나 야스쿠니 신사참배 등 일본인들의 진심에 대한 의문을 품게 하는 일들이 계속 발생하고 있다. 더군다나 최근에는 일본 경제의 장기 침체와 대규모 자연재해에 따라 일본의 우경화 현상이 확대되면서 기존의 사죄 발언도 부정하는 등 일본의 역사인식 문제는 더욱 악화되고 있다.

한·중 사이에는 일본과의 경우와 같은 제국주의 침략의 역사 문제는 존재하지 않지만 2004년에 있었던 중국의 동북공정과 고구려사 문제를 둘러싼 양국 간 갈등이 잘 말해 주듯이 민감한 부분이 없다고 할 수 없다. 중국의 동북공정은 원래 목적이 소수민족들 간의 차이를 극복하고 중국의 국가통합을 추진하기 위한 것이었다고 해도 결과적으로 한국인들에게는 한국의 역사와 한국인의 정체성에 상처를 주려는 것으로 인식될 수밖에 없다. 이런 점에서 앞으로 공개될 중국의 청사淸史가 조선을 속국이나 속방으로 표기함으로써 한국 국민들의 감정을 자극하게 된다면 한·중 간의 역사 문제가 재연될 가능성이 있다고 하겠다.

이러한 역사 문제는 한·일 간의 독도 문제나 중·일 간의 섬 영유권 문제 같이 현재 지역 내에 격화되고 있는 영토 문제와 깊이 관련되어 있다. 2012년 유엔총회에서의 한·중 양국 외교장관들의 연설내용도 최근에는 영토 문제가 역사 문제로서 부각되고 있는 상황을 반영하고 있다. 한국은 일제에 의해 사실상 점령당한 시점에 일본이 독도를 자신의 영토라고 선언했음을 잘 인식하고 있으며, 이에 따라 최근 일본의 영유권 주장을 제2의 침략이라고 보고 있다. 중국도 청나라 말기 혼란스런 시기에 제국주의 일본이 댜오위다오를 약탈해 간 것으로 보고 있다. 영토 문제는 어느 나라도 양보하기 어려운 것인데 거기에 역사 문제까지 겹쳐서 해결하기가 지극히 어려운 상황이 되었으며, 이것이 양자관계는 물론이고 한·중·일 3자 간 협력에도 암영을 드리우고 있다.

4.3. 3국 내 민족주의의 확산

최근 중국과 한국의 부상에 따라 이들 국가 내부에서는 과거보다 훨씬 자신감을 갖고 대외적인 목소리를 높이는 경향이 강해지고 있는 반면에 일본은 일본대로 상대적인 국력 약화에 따라 보수화 경향이 두드러지고 있으며, 이에 따라 동북아시아 3국에서는 민족주의가 크게 일어나고 있다. 더욱이 IT 산업의 발전에 따라 폭발적으로 증가하고 있는 다양한 인터넷 매체와 휴대전화의 보급은 각국 국민들의 민족주의 성향을 더욱 강화시키고 있다. 이러한 대중 정보매체의 확산은 한편으로는 지역 내 국민들 간의 의사소통을 원활히 하여 서로 간의 유대감을 증진시키는 데 기여하는 부분이 있을 테지만, 다른 한편으로는 상대방에 대한 근거 없는 감정적이고 악의적인 정보를 무분별하게 전파하여 상호 간의 불신과 대립을 조장시킬 수도 있다.

민족주의는 시기와 장소에 따라 그 개념이 다양하지만, 역사적으로는 제국주의와 밀접한 관계가 있다. 일본이 제국주의 팽창을 위한 애국심의 고취를 위해 민족주의국가주의를 활용했다면 한국이나 중국은 제국주의 침략에 대항하고 국가의 독립이나 발전을 추구하기 위한 이데올로기로 민족주의를 키웠다고 할 수 있다. 이러한 민족주의는 국민들의 단결을 고취하여 국가 발전이나 고난 극복에 많은 도움이 되기도 하지만, 그 배타적인 성격으로 인해 외국과의 마찰을 확대시킬 수 있으며 지역협력과 상반되는 방향으로 움직일 가능성이 매우 높다.

중국은 지난 30여 년 개혁·개방의 성과로 국력이 크게 상승하였으며 이와 더불어 국민들의 자신감이 크게 증대하면서 민족주의 또는 애국주의의 움직임이 매우 강하게 나타나고 있다. 중국 내 민족주의적 정서는 19세기 후반부터 20세기 초반까지 일본을 비롯한 서구 열강의 침략으로 받았던 역사적인 아픈 경험에 그 뿌리를 두고 있으나, 최근에는 중국의 국력 상승과 더불어 자신감을 회복하는 과정에서 등장하고 있으며 대외적으로는 공세적 외교로 비추어지기도 한다. 중국 내에는 2012년 현재 10억 명 이상이 휴대전화를 사용하고 있으며 인터넷 가입자 수도 5억을 넘었는데, 이러한 IT 매체의 발전에 의해 중국 내 일반 국민들의 의사표출이 보다 과격하고 대규모로 이루어지면서 때에 따라서는 민족주의 정서를 확대하는 데 큰 영향을 미치고 있다. 또한 최근 새로 등장한 시진핑習近平 지도부가 보여주고 있듯이 중국으로서는 중국 내 빈부격차나 부정부패 등 개혁·개방의 부작용들과 더불어 정치개혁의 요구가 커져가고 있는 상황에서 국민의 관심을 돌리기 위해 민족주의를 활용하고자 하는 유혹을 느낄 수도 있다.

일본의 민족주의는 미국이나 서구열강에 의해 개항을 강요당했을 때와 같이 방어적인 성격의 민족주의가 없었던 것은 아니지만, 대부분의 사람들은 과거 일본의 제국주의적 침략의 역사로 인하여 일본의 민족주의를 파시즘적인 국가주의와 동일시하는 경향이 있다. 일본은 지난 10여 년간 경제 침체에 이어 2011년의 동일본 대지진과 원전사고로 인해 국민들의 사기가 많이 저하된 반면에 중국은 일본을 제치고 세계 제2위의 경제대국이 되면서 미국과 더불어 G-2라고 불리게 되었다. 이에 따라 일본으로서는 중국에 대한 경계심과 더불어 일본의 상대적 약화에 대한 초조감이 일본 국민들에게 나타나고 있으며 정치인들이 이를 이용하여 주변국들과의 마찰을 일으키고 있다.

한국의 민족주의는 구한말 이후 일본 제국주의에 대항하는 저항적 민족주의로 출발하였다. 이후 여러 가지 다양한 개념으로 전개되기도 했지만 민족주의는 한국인들에게 문화적 공통점을 가진 하나의 민족으로서 독립운동뿐만 아니라 국가건설과 경제 부흥, 위기의 극복, 나아가 통일을 위한 노력을 가능하게 했던 중요한 요소라고 볼 수 있다. 주변국에 비해 한국의 국력이 상대적으로 약한 탓에 한국의 민족주의는 독도 문제에서 보듯이 외국의 영향력이나 부당한 주장에 대응하는 방어적인 성격이 강하며, 1997년 아시아 금융위기 당시 금 모으기 운동 같이 국가적으로 어려움을 당할 때 나타나곤 하는 것이어서 외국으로부터 부러움을 사고 있기도 하다. 하지만 한국도 국력이 상승하면서 국제적인 지위도 많이 상승되고 있어 자칫하면 배타적이고 감정적인 민족주의로 흐를 수 있다는 점을 유념할 필요가 있다고 할 것이다.

4.4. 3국 간 협력 확대를 위한 노력과 한국의 역할

오바마 대통령 1기에 백악관 국가안보회의의 아시아담당 선임보좌관이었던 제프리 베이더Jeffrey A. Bader는 최근 그의 책 〈Obama and China's Rise 오바마와 중국의 부상〉에서 미국은 기본적으로 중국의 부상을 인정하고 함께 협력해 나간다는 입장을 취하고 있다고 기술하고 있다. 그러나 2009년 하반기부터 본격화된 미국의 아시아 회귀는 신 국방지침에서 보듯이 결국 중국의 부상을 위협으로 본다는 생각이 밑바탕에 깔려 있다고 볼 수 있다. 따라서 미국과 동북아 지역 내의 국가들이 중국의 부상을 인정하고 국제사회의 틀 내에서 부상이 이루어지도록 유도해 나간다는 합의가 없다면 향후 한·중·일 3국 간의 협력에도 적지 않은 장애가 될 것이다. 이와 관련해 키신저 박사가 〈헨리 키신저의 중국 이야기〉에서 미국이 중국을 견제하는 것은 가능하지 않으며, 미국의 국력은 중국을 압박해서가 아니라 미국 자신의 노력을 통해 향상시켜야 할 것이라고 언급한 것을 유념할 필요가 있다.

한·중·일 3국은 모두 근대화 과정을 뒤늦게 겪으면서 유럽과 달리 주권에 대해 큰 중요성을 부여하고 있다. 영토 문제는 역사 문제이기도 하면서 주권 문제이기 때문에 민족주의와도 깊이 관련되어 있다. 일본의 역사인식 문제와 관련하여 3국 간에 그간 아무런 노력이 없었던 것은 아니다. 한국과 중국은 기회 있을 때마다 일본에 대해 과거를 직시할 것을 요구해 왔으며, 각각 일본과의 정부 간 합의에 의해 학자들에 의한 역사공동연구를 추진하기도 하였다. 민간 분야에서는 3국의 교사들과 학자들이 2005년에 〈미래를 여는 역사〉라는 제목의 동아시아 근현대사 교재를 출간하기도 하였고, 2006년에는 중국과 일본의 학자들이 〈국경을 초월하는 역사인식〉이라는 책을 중국어와 일본어로 동시에 출판하기도 하였다. 비록 결과가 만족스럽다고 말하기에는 아직 거리가 멀고 앞으로도 매우 어려운 과제라고 하나 서로 간의 인식 차이를 좁히려는 노력 자체는 의미가 있으며, 앞으로도 상호 간의 이해와 신뢰의 기반을 더욱 확대시킨다는 차원에서 이러한 노력은 계속되어야 할 것이다.

영토 문제는 각각의 국내정치적 상황과 결부되어 있기 때문에 어느 나라도 양보하기 어려운 것이 사실이다. 또한 점증하는 민족주의적 국민여론도 정부로서는 감안하지 않을 수 없다. 그렇지만 현실적으로 해결되지 못할 일에 대해 상대방을 비난한다는 것은 양자관계 뿐 아니라 3국 협력에도 큰 난관을 초래한다. 과거 중국과 일본은 양국 지도자들 간에 섬 영유권 문제에 대해 서로 언급하지 말고 후세에 해결을 하도록 하자며 양국관계를 발전시켜 왔던 점을 감안한다면 한국의 주도로 3국 정상이 영토 문제에 대해 향후 수십 년간 현상 동결을 선언하도록 하는 것도 검토해 볼 수 있을 것이다.

　서구에서는 개별 국가들이 민족주의를 극복하고 통합의 길로 접어들고 있지만 한·중·일 3국은 오히려 민족주의가 강해지고 있는 상황이기 때문에 앞으로 각국은 민족주의의 배타적 성향을 완화하고 열린 민족주의의 방향으로 나가야 할 것이다. 이를 위해서는 3국 국민들 간의 교류와 협력을 확대시켜 상대방에 대한 이해를 높이는 수밖에 없으며 각국의 정부들도 이를 위해 각별한 노력을 기울여야 할 것이다. 지역 내 관련 전문가나 학자들이 자주 모여 역사 인식을 공유하고 3국 간 협력 정신을 함양할 수 있는 방안에 대해 진지하게 토론하는 기회들이 더욱 많이 마련되는 것이 좋다. 이런 일들은 기왕에 설치된 한·중·일 3국 협력사무국을 활성화시킴으로써 가능하다고 본다. 또한 한국과 중국은 일본에 대한 적개심을 높이는 항일전쟁에 대한 교육이나 방송을 줄여 나가는 것이 바람직스러우며, 일본은 국내정치적 목적으로 배타적인 민족주의를 부추기지 않도록 일본 사회가 경계할 필요가 있을 것이다.

　한·중·일 3국은 모두 자유무역을 바탕으로 경제력을 확장해왔기 때문에 보호무역에 강하게 반대해 왔다. 이런 점에서 영토분쟁과 관련해서 무역과 투자, 기술협력, 인적교류 등 비정치 분야를 상호 간 레버리지로 활용하는 것은 상호 신뢰를 저해하는 근시안적인 조치로서 최대한 지양해야 할 것이다. 3국 협력사무국이 앞으로 상호 간 출입국을 보다 용이하게 하고 수학여행이나 청소년 교류를 대폭 확대하여 3국의 미래를 짊어질 젊은 세대들이 서로에 대해 이해를 높이고 존중하게 만드는 것도 바람직하다. 또한, 사람들의 마음을 움직이기 쉬운 음악이나 영화 같은 대중문화를 통하여 3국의 공통문화를 발전시켜 나가는 것도 하나의 좋은 방법이 될 것이다.

한국은 한국의 안보와 경제적 번영을 추구하는 데 있어서 한·중·일 3국 간 협력에 적극적인 이해관계를 갖고 있다. 또한 한국은 상호 라이벌 관계에 있는 중국과 일본 사이에서 건설적인 역할을 할 수 있으며 그렇게 하도록 기대를 받고 있다. 한국은 3국 간 협력에 장애를 초래하지 않도록 미국의 아시아 회귀와 미·중간의 갈등관계가 남북한 간 대립으로 인해 악화되는 것은 피해야 할 것이며, 영토 문제나 민족주의 문제에 있어서 상술한 바와 같이 한·중·일 3국 간의 모순이 확대되지 않도록 적극적인 노력을 해야 할 것이다. 또한, 현재 위안부 문제나 영토 문제 등으로 3국관계가 어려움에 봉착해 있지만 2013년 초에 한·중·일 3국에 새로운 지도부들이 등장하는 계기를 적극적으로 활용할 필요가 있다. 우선 비정치적 분야인 경제나 환경, 핵안전 문제 등 3국이 공통으로 필요하다고 느끼는 부분을 중심으로 3국 간 협력이 지속적으로 발전되도록 노력하되, 특히 한국은 한국에 설치된 3국 협력사무국을 통해서 보다 적극적인 역할을 하여야 할 것이다.

Ulaanbaatar
MONGOLIA
GOBI
Yumen
Yinchuan
Hotan
CHINA
Xian
Chengdu
Islamabad
New Delhi
NEPAL
Lhasa
Chongqing
Kunming
Guiyang
Jabalpur
BANGLADESH
INDIA
Kolkata
Macau
BURMA
Hyderabad
Hanoi
BAY OF BENGAL
VIETNAM
Chennai
CAMBODIA

제3장

두만강 유역 개발의 새로운 가능성 모색

조 병 제
전 주미얀마대사

1. 들어가는 글

1990년대 초 유엔개발계획UNDP이 제시한 두만강유역개발계획 Tumen River Area Development Program, TRADP과 근래 중국이 추진하고 있는 창지투개방개발선도구계획 등 두만강 하류 지역을 새로운 성장지역으로 개발하려는 시도는 우리에게도 커다란 관심사이자 많은 의미를 지니고 있다. 두만강 하류 지역의 경제 발전과 이를 위한 국제협력은 북한의 개혁개방에 직접적인 함의를 지니고 있으며, 현재 동북아에서 가장 낙후되어 있는 이 지역이 경제 발전의 길로 들어선다면 이는 우리 경제의 지속성장에도 새로운 동력을 제공할 수 있기 때문이다. 우리로서는 두만강 하류 지역을 중심으로 새롭게 등장하는 경제중심과 물류의 흐름에서 소외되지 않아야 한다는 당위성도 주목해야 한다.

중국의 동북3성, 러시아의 연해주, 그리고 북한의 동북부가 접하는 두만강 하류 지역이 지금은 동북아의 낙후지역이 되어 버렸지만 예전에도 늘 그랬던 것은 아니었다. 일본의 만주 침략과 공업기지 건설이 여기에서 이루어졌고, 그로 인해 당시에는 동북아의 산업 요충지로 부상하였다. 1952년에는 중국 최초의 소수민족 자치행정 단위로서 조선족자치구가 생겼고, 중국 정부의 적극적인 지원으로 국영기업이 되살아나는 등 활발한 움직임이 있었다. 러시아에서도 블라디보스톡을 중심으로 방위산업과 군사기지 건설이 이루어졌다. 한국전쟁이 끝난 후 소련과 중국의 원조가 북한으로 들어가면서 북한 동북부 지역에는 정유공장·제철소·발전소 등이 속속 건설되었으며 철도와 항만시설 복구와 확장도 이루어졌다. 3국 사이의 국경이 개방되고 국경무역도 활성화되었다.[44]

산업기지가 변경의 소외지역으로 변한 큰 원인은 중국과 옛 소련의 분쟁이었다. 1960년대 들어 분쟁이 격화되면서 이 지역에 대한 국가적 차원의 투자는 중단되고 국경 통제가 강화되었다. 때로는 국경 폐쇄 조치가 이루어지기도 했다. 중국은 1965년 옌볜延邊 지역과 헤이룽장성黑龍江省에 대한 외국인 출입을 금지하였다.[45] 이러한 상황은 1980년대 후반 고르바초프가 국내적으로 개혁개방을 추진하고 중소 국경지역의 군대 감축에 합의하는 등 군사적 긴장 완화를 추진할 때까지 지속되었다. 1990

---

[44] 이 지역에 대한 비교적 상세한 개관은 Ian Davies, "(Regional Cooperation in Northeast Asia) The Tumen River Area Development Program, 1990-2000: In Search of a Model for Regional Economic Cooperation in Northeast Asia," North Pacific Policy Papers No. 4, 2000, pp. 1-4 참고.

[45] *ibid.*, p. 5.

년대에 들어오면서 중국·러시아·북한이 모두 두만강 유역 개발을 위한 노력을 전개하였다. 중국은 훈춘珲春을 '변경개방도시'로 지정하였고, 북한은 '나진·선봉자유경제무역지대'를 선포하였으며 러시아는 '하산개발계획'과 '대大블라디보스톡 개발계획'을 제시하였다.

이러한 상황에서 역내 경제발전을 위한 다자협력의 한 형태로 제시된 것이 바로 TRADP이었다. 당시 이 지역 경제협력은 경제발전을 위한 새로운 방식으로서 다른 지역에서도 시도되고 있었다. 비슷한 시기에 아시아개발은행ADB은 메콩지역개발사업 GMS을 제의하였으며, 서남아시아에서는 남아시아지역협력연합 SAARC이 설립되었다.

그러나 TRADP은 당초 기대와 달리 성공적으로 진전되지 못하였다. TRADP은 2005년에 사업을 중단하였으며, 이를 계승한 '대두만강개발계획Greater Tumen Initiative, GTI'도 기능과 역할이 크게 축소되어 있다. 결국 두만강 하류 지역을 개발하려던 다자적 차원에서의 계획은 기대했던 만큼의 성공을 거두지 못하였다.

한편, 중국·러시아·북한이 개별적으로 추진한 개발 노력은 비록 정도의 차이는 있지만 지속적으로 전개되어 왔다. 특히, 중국정부는 2000년대부터 동북3성 경제발전을 국가적 차원에서 추진하기 시작하였으며, 2009년 8월에는 창지투개방개발선도구계획을 제시하여 두만강 하류 지역 개발에 돌파구를 마련해 가고 있다. 러시아는 2007년 11월 '2013년까지 극동 및 자바이칼 지역의 경제·사회발전을 위한 연방 특별프로그램'을 승인, 2008년 1월 이행에 들어갔으며, 최근 이를 기초로 '2025년까지 극동·자바이칼·이르쿠츠크주 사회·경제발전전략'을 발전시키고 있다. 북한도 최근 두만강 하류의 나선 지역과 압록강 하구의 황금평·위화도를 중국과 공동으로 개발하기로 합의한 바 있다. 이 중에서도 중국이 추진하는 창지투개방개발선도구계획은 지지부진한 다자적 노력과는 달리, 지역 개발에 있어 새로운 가능성을 제시하고 있다.

이 글은 두만강 하류 지역을 중심으로 동북아 광역 경제협력이 점차 활발해지는 상황에서, 지난 20년간의 여건 변화를 살펴보며 새로이 그 가능성을 모색할 필요가 있다는 생각에서 출발한다. 먼저 동북아 지역협력에 대한 다자적 접근으로서 TRADP 및 GTI의 추진 경과와 이 프로그램이 성과를 거두지 못한 이유를 간략히 정리해 볼 것이다. 그다음, 중국·북한·러시아 등 관련국들이 개별적으로 추진하고 있는 지역개발 동향과 두만강 하류 개발에 대한 이들의 입장을 살펴볼 것이다. 마지막으로 동북아 지역협력의 가능성을 전망해 본 다음, 우리나라에 대한 정책적인 시사점을 찾아보고자 한다.

2. 동북아 지역협력에 대한 다자적 접근 사례: TRADP/GTI

2.1. 추진 경과

1991년 UNDP는 두만강 하류의 중국 훈춘, 북한 나진, 러시아 포시에트를 잇는 삼각지역을 홍콩이나 암스테르담과 같은 국제 물류 및 산업중심으로 개발하자는 구상을 제의하였다. 20년에 걸쳐 300억 달러의 외자를 유치하여 두만강 하류에 현대식 항만과 부대시설을 갖춘 인구 50만의 새로운 국제투자도시를 건설하며, 이를 위해 두만강유역개발공사TRADCO를 설립하자는 것이었다.

1992년 2월 서울에서 두만강계획관리위원회 제1차 회의가 개최되었고, 10월에는 베이징에서 제2차 회의가 개최되었다. 1993년 5월 평양에서 개최된 제3차 회의에서는 두만강개발공사 설립안이 논의되었고, UNDP는 효율적인 사업관리를 위해 베이

징에 사무소를 설치키로 하였다.[46]

그러나 초기의 활발하던 움직임은 1993년 북한 핵문제가 대두되면서 난관에 부딪치기 시작하였다. 제4차 회의가 1994년 모스크바에서 개최되었으나, 북한은 김일성 주석 사망을 이유로 불참하였다. 이듬해 베이징에서의 제5차 회의가 성과 없이 끝나고 같은 해 뉴욕에서 개최된 제6차 회의는 UNDP의 역할을 대폭 축소하고 공사 설립 방안도 더 이상 논의하지 않기로 하였다. 1996년 9월에 강원도 잠수함 침투 사건이 일어났으며, 북한은 이듬해 제3차 당사국회의에 불참하였다. 동아시아 금융위기가 발생하면서 이 사업은 급속히 동력을 상실하였고 북한은 1998년 및 1999년 회의에도 불참하였다.

2005년 9월 창춘長春에서 개최된 자문위원회의에서 앞으로 사업을 각 회원국 책임하에 추진토록 함으로써 UNDP 사업으로서의 TRADP은 사실상 종결되었다. 다만, 사업 대상 지역은 당초의 두만강 하류 삼각지역에서 중국의 동북3성과 네이멍구內蒙古, 북한의 나선 지대와 한국의 동해안 항구도시, 몽골 동부 지역과 러시아의 연해주 일부로 대폭 확대키로 하였으며, 이를 반영하여 기구의 명칭도 대두만강개발계획GTI으로 변경하였다. 사업내용은 'GTI 2006-15년간 전략행동계획'에 잘 나타나

---

[46] 초기 TRADP 논의에 대한 상세한 내용은 김익수, 〈두만강지역개발사업과 한반도: 북한의 나진·선봉자유경제무역지대 진출에 관한 우리의 전략구도를 중심으로〉, 대외경제정책연구원, 1994; 조명철, 김지연, 〈GTI(Greater Tumen Initiative) 추진동향과 국제협력방안〉, 대외경제정책연구원, 2010 등 참고.

있다. 수송·관광·에너지·투자·환경 등 5개 분야를 우선순위로 설정하였고, 특히 역내 물류 흐름을 촉진하는 데 각별한 관심을 표하고 있다.[47]

그러나 전체적으로 볼 때, 현재 GTI가 동북아 광역 경제협력을 위해 실질적인 역할을 하고 있다고 하기는 어렵다. 북한은 2009년 나선 지역에 대한 투자 부족을 이유로 GTI에서 아예 탈퇴하고 말았다. 2011년 평창에서 개최된 회의에서 각국은 GTI에 대한 정치적 지지를 강화할 것을 지적하면서 일본의 참여와 북한의 복귀를 촉구하는 결의를 채택하였는데, 현재 GTI의 처지를 시사해 준다. GTI는 베이징에 10명 정도의 직원과 중국·러시아·한국·몽골 정부가 분담하는 연간 100만 달러 정도의 예산으로 사무국을 유지하고 있다.

---

[47] GTI Interim Progress Report, October 2011-February 2012, Tumen Secretariat (2012.2). 2011년 9월 평창에서 개최된 제12차 당사국회의도 지역경제발전을 위한 GTI 사업의 최우선순위가 수송 분야 협력에 있다는 것을 재확인하였으며, 동북아 수송로구축연구사업(GTI Corridor Study Project)을 추진키로 결정하였다.

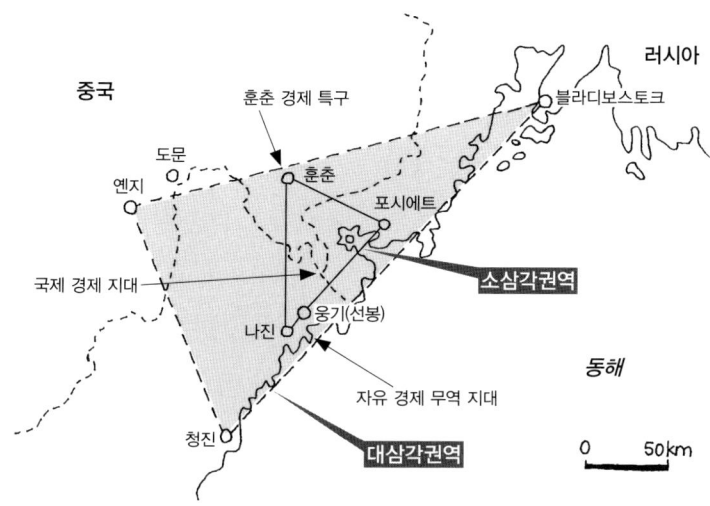

그림 2. 두만강 하류 개발 계획 대상 지역[48]

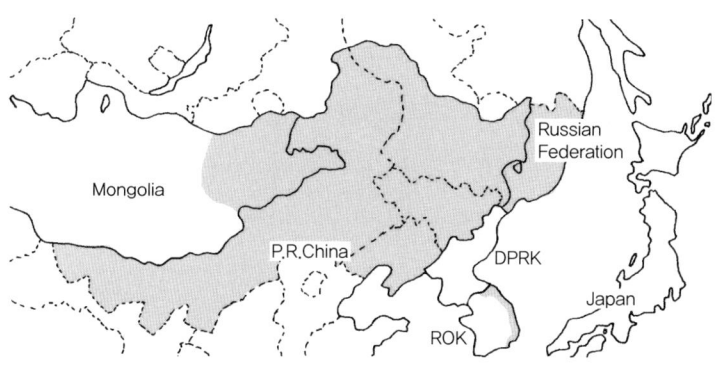

그림 3. 대두만강 유역 개발 계획 대상 지역[49]

---

[48] "두만강 유역 개발 계획," 네이버 지식백과(이우평, 〈Basic 고교생을 위한 지리 용어사전〉, 신원문화사, 2002 재인용)
[49] Greater Tumen Initiative 공식웹사이트

2.2. TRADP/GTI 부진의 주요 원인

당초 동북아 다자간 지역협력으로 추진하였던 TRADP은 비록 GTI로 변신하여 명맥을 유지하고 있지만 사실상 실패로 끝났다. TRADP이 실패한 이유로는 프로젝트 추진에 필요한 자금 조달 실패, 당초 계획 자체의 비현실성, 일본의 불참, 중국과 러시아·북한 등 직접 관련국 간의 견해 차이, 정치적 이해의 상충 등 여러 가지 이유들이 제시되고 있으며,[50] 크게 세 가지로 요약할 수 있다.

첫째, TRADP은 약 300억 달러의 초기 투자를 상정했지만, 조달 방안은 강구하지 못했다. 유엔UNDP이 주도한 사업이었으나, 미국의 포괄적 경제제재를 받고 있는 북한에 세계은행이나 ADB가 대규모 투자를 할 수는 없었다. 일본도 민간차원에서는 큰 관심이 있었음에도 불구하고 국가적 차원에서는 소극적이었다. 중국은 당시 국가적 관심이 연안 지역을 따라 발해만渤海灣으로 북상하는 중이었고 아직 동북3성에는 미치지 않고 있었다. 투자 여력이 없기는 북한이나 러시아도 마찬가지였다. 참여국 가운데에서는 한국만이 유일하게 투자 여력이 있었으나 TRADP 사업을 남북관계 차원에서 바라보는 한계를 지니고 있었다.

---

[50] TRADP 실패의 원인에 대한 진단과 관련된 내용은 김익수, 앞의 책; Ian Davies, *op cit.* 등 참고.

둘째, TRADP에 대한 전략적인 목표와 이해가 서로 달랐다. 중국은 동해로 나가는 출로出路 확보에 우선순위가 있었다. 그러나 러시아는 시베리아 지역에 대한 중국의 인구 유입과 경제력 확장에 압도되어 두만강 하류 개방이 결국 중국에게 일방적 이익을 주게 된다는 우려를 하고 있었다. 북한은 나선지대에 대한 외국인 투자와 국제물류기지 확보를 원하였으나 이것이 개혁이나 개방으로 이어질 가능성에 대해서는 거부감을 가지고 있었다.

셋째, 한반도의 냉전적 안보 구도가 해소되지 않았다. 북한은 적어도 세 번 TRADP/GTI 과정에서 이탈하였다. 김일성 주석이 사망한 해에 제4차 관리위원회 회의에 불참하였고, 동해안 잠수함 침투사건이 일어난 후 제3차 당사국회의에도 불참하였다. 2009년 북한은 아예 GTI에서 탈퇴하였는데, 이때 역시 남북관계는 북한의 미사일 발사와 핵실험 등으로 최악의 상황에 놓여 있었다.

3. 개별국가 차원의 동향과 동북아 지역협력에 대한 입장[51]

3.1. 중국의 동북진흥계획과 북·중 경제협력

중국은 동해 출로 확보라는 관점[52]에서 초기부터 두만강 하류 개발에 관심이 많았다. 그러나 1990년대만 해도 중국의 국가적 관심은 남부의 주장珠江 삼각주에서 상하이上海 인근의 창장長江 삼각주, 그리고 북부의 발해만 경제구에 더 집중되어 있었다. 서부의 방대한 지역과 동북3성이 중앙정부의 주목을 받기

---

[51] 중국·러시아·북한·한국 등 관련국들의 입장에 대해서는 윤승현, '두만강지역의 신개발 전략과 환동해권 확대 방안', 강원발전연구원, 2009; 조명철, 김지연, 앞의 책; 이성우, '두만강 개발과 동아시아 다자협력의 전망: 동아시아 다자협력체의 건설을 중심으로', 제주평화연구원 JPI 정책포럼 No. 2010-20, 2010; 박동훈, '두만강지역개발과 국제협력: 중국 '창지투 선도구' 건설의 국제환경 분석', 〈한국동북아논총〉 57호, 2010 등 종합적으로 정리된 자료 참고.

[52] 이성우, 앞의 글, 13쪽.

시작한 것은 전면적 샤오캉小康사회[53] 건설을 위한 과제로서 빈부격차와 지역불균형 문제를 해결해야 한다는 인식이 대두된 2000년대 이후의 일이었다.

2002년 제16차 공산당 전국대표회의는 동부 연안에 집중된 성장 동력을 다른 지역으로 확산한다는 목적에서 동북진흥전략을 결의하였다. 이어 중국정부는 일련의 동북3성 개발 조치를 발표하여 오늘날 창지투계획의 골격을 마련하였다.[54]

두만강 하류 개발과 직접 연관된 창지투계획은 창춘, 지린吉林, 옌벤 조선족자치구 전체와 두만강 유역 총 73,000㎢지린성 총면적의 39%를 대상으로 2020년까지 역내 총생산을 2008년 대비 4배로 증대시킨다는 것을 기본 목표로 제시하고 있다. 세부사업으로 창춘과 지린에 자동차·석유화학·철도차량·농산물 가공산업을 발전시키고, 옌지延吉·투먼 및 룽징龍井을 물류 거점과

---

[53] '샤오캉(小康)사회'는 의식주를 걱정하지 않는 물질적으로 안락한 사회, 비교적 잘사는 중산층 사회를 의미한다. 장쩌민 주석이 2002년 16차 공산당대회에서 "2020년까지 전면적 샤오캉사회를 달성하겠다"고 하면서 지방과 도시, 연안과 내륙지방의 경제격차를 완화하겠다는 의지를 적극 표명하였으며, 이후 샤오캉사회는 중국 발전의 상징어로 자리 잡고 있다.

[54] 중국은 2003년 '동북지역 등 노후 공업기지 진흥전략에 관한 의견'을 채택, 동북지역에 대한 100개 프로젝트와 투자계획을 수립하였으며, 2005년 6월 '동북노후공업기지의 대외개방 확대실시에 관한 의견'을 제시하고 여기에 '대북(北)도로항만구역일체화'와 '대러(露)도로항만구역일체화'를 명시하여 동북개발을 북한 및 러시아와 연계하는 방안을 국가적 차원에서 공식화하였다. 2007년 8월 '동북진흥종합계획'을 발표하였고, 2009년 7월과 8월, '랴오닝연해경제발전계획'과 '창지투개방개발선도구계획'을 각각 국가 프로젝트로 승격시켰다. 이 시기 중국의 동북진흥에 관한 다양한 조치와 해당 문건 등에 대해서는 최우길, '중국 동북진흥과 창지투(長吉圖)선도구 개발계획: 그 내용과 국제정치적 함의,' 〈한국동북아논총〉 57호, 2010; 윤승현, '두만강지역의 신개발전략과 환동해권 확대방안,' 강원발전연구원, 2009 등 참고.

국제산업협력기지로 개발하며, 훈춘을 수출가공구 및 변경무역의 대외창구로 개발할 것을 상정하고 있다.[55]

두만강 하류 지역을 동북아시아의 새로운 경제협력 중심으로 개발하려는 중국의 구상은 일관성 있게 구체화되고 있다. 창지투계획은 동북3성 개발의 불가분의 요소로서 두만강 하류를 통한 물류 소통을 중앙정부 차원에서 추진하는 것을 의미하며, "접경지역에 국경을 초월한 경제협력지대를 먼저 건설함으로써 다국 간 협력개발의 성격을 가진 두만강 개발계획에서 주도권을 갖는다는 의미로 볼 수도 있다."[56]

3.2. 북한의 나진·선봉지역 개발계획과 북·중간 전략적 이해 차이

1990년대 초반 북한이 추진한 나선자유경제무역지대 구상은 북한의 핵개발 문제로 대외 안보환경이 악화되고 북한 스스로 개방에 대한 우려를 극복하지 못함으로써 좌초하고 말았다. 1998년 북한은 원정리 국제자유시장에 대한 출입 통제를 강화하고 한국기업의 특구 방문을 금하였으며, 1999년 2월에는 나선특구법을 개정하면서 특구 명칭에서 '자유'라는 단어를 삭제

---

[55] 창지투개방개발선도구계획과 관련된 세부 내용은 윤승현, 앞의 글, 43~49쪽; 양운철, 유현정, 〈창지투 개발계획과 동북아 경제협력〉, 세종연구소, 2012, 54~55쪽 참고.
[56] 이옥희, 〈북·중 접경지역: 전환기 북·중 접경지역의 도시네트워크〉, 푸른길, 2011, 258쪽.

하였다.

　북한이 자유무역지대 구상과 대외개방 의지를 다시 표명하고 나온 것은 2002년 9월 신의주 특구 계획을 발표하였을 때다. 당시 김정일 위원장은 경제개방에 적극적인 자세를 보이고 있었다. 2000년 5월 방중 길에는 유수 IT 업체를 방문하였으며, 6월 김대중 대통령과 정상회담을 개최하고, 이어 8월에는 개성공단 건설에 합의하였다. 이듬해 1월 다시 중국을 찾은 김정일 위원장은 상하이에서 '천지개벽' 발언을 하였으며, 그 이듬해 9월 신의주 특구 구상을 발표하였다. 그러나 이 구상은 초대 행정장관으로 지명된 양빈 구아歐亞그룹 회장이 사기죄로 중국 당국에 체포되면서 무산되고 말았다. 게다가 2002년 10월 북한의 우라늄 농축 문제가 불거지면서 대외환경은 급속히 악화되기 시작하였다.

　북한이 다시 나선 지대에 관심을 보인 것은 중국이 창지투계획을 발표한 시기와 비슷하다. 당시 북한의 대내외 환경은 2008년 7월 금강산에서의 남한 민간인 관광객 피살사건과 이로 인한 금강산 관광사업의 중단, 8월 김정일 위원장의 뇌졸증과 권력승계 압박, 2009년 5월 2차 핵실험에 따른 유엔안보리 제재 등으로 악화일로에 있었다. 북한은 중국 및 러시아와의 관계 개선을 통해 활로를 모색하고 있었으며, 특히 중국과의 관계개선에 많은 공을 들이고 있었다. 중국이 창지투계획을 발표한 지 두 달이 지난 2009년 10월 원자바오 총리가 북한을 방문하였고, 김정일 위원장은 2010년 5월과 8월 및 2011년 5월 등 세 차례 중국을 방문하였으며 2011년 8월 러시아 공식 방문 후 귀로에 다시 중국을 경유하였다.

공식적인 발표는 없었지만 북·중 간의 빈번한 교류와 대화 과정에서 나선특구 문제가 비중 있게 논의되었을 것으로 추측할 수 있다. 예상치 않은 뇌졸증을 만난 김정일 위원장에게 북한의 경제발전은 권력승계 차원의 심각한 과제가 되었을 것이며, 특구 개발 이외 다른 방식을 생각하기 어려웠던 김 위원장에게 나선 개발은 당면 현안으로 부각되었을 것이다. 원자바오 총리 방북 두 달 뒤 김 위원장은 직접 나선시 현지지도에 나섰고, 2010년 1월 나선시를 특별시로 승격시켰다. 2010년 8월 김정일 위원장 방중 시 양측은 나선 지역과 함께 황금평과 위화도를 특구로 개발하는 데 합의하였으며, 11월에는 '라선경제무역지대와 황금평·위화도 경제지대 공동개발 및 공동 관리에 관한 협정' 체결을 발표하였다. 2011년 6월 8일과 9일 각각 황금평과 나선지구에서 특구 개발 착공식이 있었다.

여기서 양측이 국경의 양 끝에 위치한 나선지대와 황금평 개발을 동시에 추진키로 한 점이 흥미롭다. 북한으로서는 2000년에서 2002년 사이에 추진하였던 신의주 특구 구상을 어떻게든 실현시키고 싶었을 가능성이 있다. 그러나 중국으로서는 자국 기업이 북한에 투자하도록 하기 위해서 투자 이익을 보장해 줄 수 있는 법적, 제도적 기반을 갖추는 것이 우선이다. 지금과 같은 상태에서는 중국 기업들이 황금평이나 위화도에 투자를 할 유인이 크지 않다. 그렇지만 나선 지역은 다르다. 중국으로서는 나진항을 통해 동해 출로를 확보하는 것에 전략적인 이익이 있기 때문이다. 따라서 양측이 나선지대와 황금평을 동시에 개발하기로 한 것은 타협의 결과라고 보며, 이 두 개의 특구 개발은 앞으로 쌍방의 이익이 견제와 균형을 이루는 선에서 서서히 진행되어 갈 것으로 예상할 수 있다.

나선지대에 대한 중국의 사회간접자본 건설이나 중국 기업의 투자진출은 두 가지 요소에 의해 결정될 것이다. 우선은 북한의 경제개혁개방조치다. 중국 측은 이 문제를 최고위선에서 북측에 제기한 것으로 보인다. 2010년 5월 김 위원장 방중 시 중국 측은 개혁개방과 경제발전 경험을 전수해 줄 수 있기 바란다고 하였으며, 8월 방중 시에는 경제발전을 위해 자력갱생뿐 아니라 대외개방이 필수적이라는 점을 강조하였다. 2012년 8월 장성택 행정부장 방중 시 양측은 북·중 경제협력이 "정부인도, 기업위주, 시장원리" 원칙에 따라 이루어질 것임을 확인하였는데, 이것은 중국 측이 북한과의 경제협력 강화를 위한 필요조건의 하나로서 북한의 법적, 제도적 개혁을 요구하고 있다는 것을 시사하는 것으로 보인다.[57]

중국의 나선 진출을 결정하는 또 하나의 요소는 중국이

---

[57] 2012년 10월 필자가 베이징에서 만난 중국 국책연구소 관계자에 따르면, 북·중 간 경제협력을 위한 접촉과정에서 중국 측이 겪는 큰 애로는 북한 측이 시장경제 원리를 이해하지 못하는 것이라 하였다. 이 관계자는 북한 측이 중국 기업들의 대북 투자 부진도 중국 정부의 의지가 부족하기 때문으로 인식하고 있으며, 다만 2012년 여름 장성택 부장 일행의 중국 방문을 계기로 북한 측이 시장경제 원리를 조금씩이나마 이해하기 시작한 것으로 보인다고 하였다.

창지투 개발을 진행함에 따라 동해 출로를 확보해야 할 필요성을 어느 정도 강하게 느낄 것인가 하는 점이다. 2012년 5월 중국은 창지투계획의 일환으로서 훈춘 국제합작시범구를 착공하였다. 2020년까지 총 90㎢에 국제산업합작구역, 국경무역합작구역, 북·중훈춘경제합작구역, 중·러훈춘경제합작구역 등 4개 구역을 조성할 계획이라 한다.[58] 계획이 예정대로 추진되면, 이 일대는 창지투 지역의 전초기지로서 앞으로 북한의 나선 특구 및 나진항을 연결하는 교역 거점으로 부상할 전망이다. 훈춘시범구 건설이 진행됨에 따라 나진지역을 통한 동해출로 확보는 더욱 시급한 과제로 부각될 것이 확실하다.

현재 중국 측은 나선지대에 대한 인프라 연결 작업을 지속적으로 추진하고 있다. 2010년 6월 중국 훈춘과 북한의 원정리를 잇는 두만강대교 보수공사가 완료되고 2012년 원정리-나진 간 도로 보수가 끝났으며, 원정리-나진 간 4차선 도로 건설공사가 진행 중이다.

---

[58] "中 두만강 지역 '훈춘 국제합작시범구' 착공," 연합뉴스, 2012년 5월 30일.

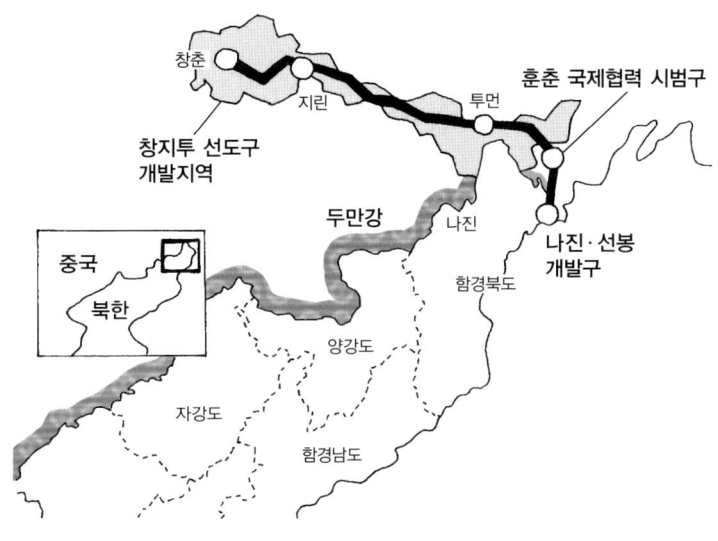

그림 4. 두만강 유역 개발 현황[59]

3.3. 러시아의 극동지역 개발 동향 및 중·러 간 협력과 경쟁 관계

1996년 러시아 정부는 '1996~2005 극동·자바이칼 지역 경제·사회발전 특별프로그램'을 발표하여 극동 및 시베리아 지역 개발에 대한 의지를 표시한 바 있다. 그러나 본격적인 관심을 기울이기 시작한 때는 2000년 푸틴이 대통령으로 취임한 다음부터일 것이다. 푸틴은 2000년 7월 오키나와 G-7/8 정상회의 참석 길에 구소련을 포함한 러시아 국가원수로서는 최초로 북한

---

[59] "〈창지투의 거점 지린성〉 中 새로운 경제 중심지로 부상하는 지린성," 아주경제, 2012년 6월 18일.

을 방문하여 이 지역에 대한 적극적인 관심을 나타낸 바 있다. 2002년 푸틴은 '1996~2005 극동·자바이칼계획'의 수정을 지시하였고 2007년 8월 '2013 극동·자바이칼프로그램'으로 발표되었다.[60] 역내 자원과 낙후 산업의 종합개발, 외자 유치와 합작기업 설립, 자유경제지대 창설 등 국제협력을 기반으로 경제발전을 촉진하고 러시아의 아태지역 경제체제로의 편입을 가속화한다는 것이 요지다.[61] 이 시기 러시아 극동지역은 심각한 인구감소를 겪고 있었는데, 1996~2006년 동안 지역 전체인구의 약 10% 순유출이 있었다고 한다.[62] 러시아는 이러한 인구유출이 결국 중국 인구의 대규모 유입과 불법체류로 '극동지역의 중국화'로 이어질 것을 우려하였고, 이것이 '2013 극동·자바이칼프로그램' 탄생의 배경이 되었다는 것이다.[63]

러시아의 극동개발 움직임은 중국의 동북진흥계획과 시기적으로 비슷하게 이루어지고 있다. 중국이 동북진흥계획을 결의한 2002년 러시아도 극동·자바이칼계획의 수정을 시작하였다. 2007년 8월 러시아는 '2013 극동·자바이칼프로그램'을 발표하였으며, 중국은 9월 '동북진흥종합계획'을 발표하였다. 양

---

[60] 2007년 9월 푸틴 대통령은 시드니에서 개최된 APEC 정상회담에서 2012년 정상회담을 블라디보스톡에서 개최토록 유치하는 데 성공하였는데, 이는 극동개발에 대한 푸틴의 적극적인 자세를 보여주는 사례이다.
[61] 정여천 편, 〈러시아 극동지역의 경제개발 전망과 한국의 선택〉, 대외경제정책연구원, 2008; 이재영 외, 〈한·러 극동지역 경제협력 20년: 새로운 비전과 실현방안〉, 대외경제정책연구원, 2010.
[62] 정여천, 위의 책, 34쪽.
[63] 정여천, 위의 책, 31~36쪽.

측은 이 지역 개발에 관한 협의도 병행하고 있다. 2007년 3월 후진타오 주석의 러시아 방문 시 양측은 중·러 간 지역개발 협력 필요성을 정식으로 제기하였고, 중국 측은 국무원 동북진흥판공실이, 러시아 측은 지역개발부가 각각 이 문제를 처리키로 하였다. 중국정부가 창지투계획을 발표한 다음 달인 9월 중·러 정상은 뉴욕에서 '중국 동북지역과 러시아 극동 및 동시베리아지역 협력계획 강요(2009-18)'에 서명하였다.

러시아가 극동 개발에 관심을 기울이는 이유는 중국 동북 지역의 활발한 경제발전에 편승할 수 있다는 이점과 함께 극동 지역에 대한 중국의 일방적인 영향력 확대를 견제해야 한다는 방어적 고려가 동시에 작용하고 있기 때문이다. 특히, 러시아가 중국의 동해출로 확보를 견제하려는 태도는 TRADP 초기 단계에서부터 나타났던 것으로 알려져 있으며,[64] 러시아는 중국의 나진항 확보에 대응하여 나진항 3호 부두 사용권도 확보해 두고 있다. 2008년에는 하산-나진 간 철도 개보수 및 나진항 개보수 착공식을 거행하였는데, 이 시기 시베리아 횡단철도의 물동량 등을 보면 러시아가 하산-나진 간 철도 보수에 나선 것은 경제적인 이유가 아니라 북한에 대한 영향력을 유지하려는 정치적 고려 때문이었다고 한다.[65]

당연히 북한으로서는 중국과 러시아 양측이 관심을 가지고

---

[64] 이성우, 앞의 글, 14~15쪽.
[65] 윤승현, 앞의 글, 79쪽.

있는 나선항을 최대한 활용하고자 할 것이다. 북한이 2009년 11월 GTI에서 탈퇴한 것도 중·러 양측의 상호견제가 있는 상황에서 다자적 접근보다는 양자적 협력이 더 유리하다고 판단하였기 때문으로 보는 견해도 있다.[66]

3.4. 한국의 입장과 남북관계

한국은 TRADP 출범 초기부터 적극적인 참여 의사를 보여 왔다. 한국의 TRADP 참여 필요성에 대해 1994년의 한 연구보고서는 다음 세 가지를 지적하고 있다.[67] 첫째, 교역과 투자증대를 통해 북한의 점진적 개방과 고립 완화를 유도함으로써 한반도의 긴장완화를 기대할 수 있다. 둘째, 중장기적으로 두만강 지역의 자원과 노동력을 활용하여 역내 경제협력을 촉진하고 궁극적으로 남북한 통일경제 형성과 통일비용 축소효과를 기대할 수 있다. 마지막으로, 북한의 나선 지역 개발을 도와줌으로써 북한으로 하여금 부분개방에 대한 자신감을 갖게 하고 남북 간의 상호불신을 완화할 수 있다는 것이다. 이처럼 TRADP 초기에 한국은 거의 전적으로 남북관계 차원에서 이 사업을 보고 있었으며, 정부 차원의 모든 투자는 통일비용이라는 차원에서 이루어지고 있었다. 한국정부는 1996년 4월 UN

---

[66] 최명해, "중국의 '두만강 이니셔티브'와 정책적 시사점," 삼성경제연구소, 2012, 46쪽.
[67] 김익수, 앞의 책, 71~72쪽.

신탁기금으로 100만 달러를 출연하고 두만강개발 관련 투자 촉진 지원센터 건립, 교육훈련 프로그램 운영 등의 사업에 92만 달러를 지원한 바도 있다.

TRADP 사업을 남북관계라는 관점에서 보고 있었기 때문에, 한국에 관한 한 TRADP은 남북관계의 변화에 따라 큰 폭의 변동양상을 보여 왔다. 결과적으로 TRADP을 통한 북한과의 교류는 양측의 이해가 맞아 떨어진 1990년대 초기에만 제한적으로 이루어졌을 뿐, 그 후로는 남북관계가 나쁠 때는 나쁘다는 이유로, 좋을 때는 TRADP을 통한 접촉 필요성이 적다는 이유로 사실상 그 기능이 상실되었다. 1994년 김일성 주석 사망과 1996년 동해안 잠수함 침투 사건, 1997년 대포동 미사일 발사 등이 전자에 해당하는 것이었으며, 2000년 남북정상회담 이후 남북 간의 교류협력이 활발한 시기에는 북측이 TRADP에 관심을 보이지 않는 터에 남측이 굳이 이를 통한 협력을 모색해야 할 필요가 없었던 것이다.

2005년 TRADP이 GTI로 전환된 이후에도 두만강유역개발 문제에 대한 한국의 입장에는 큰 변화가 없다.

3.5. 일본과 미국의 입장

일본은 TRADP 초기 엔화 자금 제공 용의까지 표시하는 등 적극적인 움직임을 보였다. 당시 일본은 두만강 하류 개발 지원 문제를 북한과의 수교 및 북한이 요구하는 배상금의 일부를 사용하는 방식을 염두에 두고 있었다.[68] 그러나 북한 핵문제가 불거지고 전반적인 안보상황이 악화됨에 따라 북·일 간 협의는 진전을 보지 못하였고, 특히 일본인 납치문제, 북한 핵문제의 악화 등으로 현재는 교류협력이 전면 중단된 상태다. 일본이 TRADP에 소극적인 데는 제1차 세계대전 이전의 동東시베리아 출병, 만주 점령 등 과거 이 지역 진출과 관련한 주변국들의 의구심도 상당 부분 작용하고 있는 것으로 보인다.

TRADP 및 GTI 회의에서 연례적으로 일본의 참여를 요청하는 결의를 채택하고 있지만, 지금까지도 중앙정부 차원의 공식적인 참여는 하지 않고 있으며, 그 대신 돗토리·니가타 등 일부 서부지역 자치단체와 환동해경제연구소 등 일부 학술·연구기관에서 꾸준히 자료를 축적하고 있는 상태다.

미국은 두만강개발 관련 회의나 협의에 참여한 적이 없으며, 이 문제와 관련하여 분명한 입장을 천명한 바도 없다. 그러나 제반 상황으로 미루어 미국의 입장은 북한 핵문제의 해결이 사실상의 전제조건이 되어 있다고 할 것이다.

---

[68] 조명철, 김지영, 앞의 책, 107쪽.

4. 동북아 지역협력의 향후 전망

TRADP 실패의 요인이 되었던 개혁개방에 대한 북한의 자세나 한반도 안보상황에는 지금도 근본적인 변화가 없다. 개혁개방과 관련, 북한은 과거 여러 차례 나름의 구상을 제의한 바 있다. TRADP 초기 '나선자유경제지대'를 들고 나왔고, 2000년 무렵 개성공단 계획과 신의주특구 계획을 제의하였다. 2010년 중국과 황금평·위화도 및 나선특구 개발을 협의하였으며, 심지어 2011년 초에는 조선중앙통신을 통해 12개 분야에 모두 1000억 달러의 외자유치를 모색하는 '국가경제개발 10개년 전략계획'이라는 것도 제시한 바 있다. 그럼에도 불구하고 북한이 본격적인 개혁개방을 시작했다고 볼 근거는 아직도 발견할 수 없다. 김정은 체제 출범 후 여러 가지 파격적인 행보가 세간의 관심을 끌고 있으나 스타일 변화 이상의 의미를 부여할 수 있는가에 대해서는 논의가 계속되고 있을 뿐이다.

동북아의 불안정한 안보 구도에도 근본적인 변화가 없다.

TRADP/GTI 사례는 한반도 안보 상황에 위기가 있는 동안에는 남북한을 포함하는 동북아 경제협력을 위한 다자적 접근이 성과를 거두기 어렵다는 것을 분명히 보여 준다. 북한 핵개발로 인한 국제사회의 경제제재가 풀리지 않고 있는 상황에서 두만강 유역을 개발하려는 노력에는 일정한 제약이 있을 수밖에 없다.

그러나 20여 년의 세월이 지나는 사이에 두만강 하류 개발을 위한 주변 상황이 긍정적으로 개선된 부분도 있다. 그간 사업 추진을 어렵게 한 요인 중 하나가 재원조달이었으나, 중국이 창지투계획을 적극화하면서 인프라 건설을 위한 자금 문제가 해소되고 있다. 중국의 투자로 훈춘-나진 간의 도로 연결이 원활해지고 이를 통한 물류의 흐름도 한결 활발해지고 있다.

두만강 하류 개발에 관한 중국·러시아·북한 사이의 이해조정에 있어서도 1990년대 초와 비교하면 상황이 나아지고 있다. 지금은 3국 모두 중앙정부 차원에서 두만강 하류 개발에 관심을 보이고 있는 만큼, 정치적 의지 여하에 따라서는 이해조정 문제가 신속하게 풀릴 가능성이 있다. 물론, 이것이 간단한 과제는 아니다. 중국은 동북3성의 지속적인 발전을 위해 동해 출로를 확보하는 것이 중요하지만 이는 러시아에게 군사·안보적으로 민감한 사안이다. 북한으로서는 중국과 러시아 사이에서 적절한 균형을 모색할 필요가 있으며, 중국의 나진항 통과를 허용할 경우에도 국가 주권 차원에서 최소한의 통제권은 고수하고자 할 것이다. 앞으로 이 부분에 대한 3국간 논의 동향을 예의 주시할 필요가 있다.

향후 전망과 관련하여 적어도 두 가지에 주목할 필요가 있다. 하나는 중국이 동북진흥계획을 추진하고 북·중 국경지역을 따라 도로철도망 연결을 강화함에 따라 북한 경제의 중국 의존도가 커지고 있으며, 앞으로 더욱 커질 것이라는 점이다.[69] 이러한 상황은 북한에 대한 중국의 전반적인 영향력을 확대하고 북한을 중국식의 개혁개방으로 유도하는 힘으로 작용할 것이다.

또 다른 하나는 중국의 나진항 진출이 시간문제가 되었다는 점이다. 즉 동해 출로 확보에 관한 북·중 간 논의가 어디까지 이루어졌는지 확인할 수는 없으나 적어도 나선특구와 황금평 개발 합의가 이루어진 2010년 이후에는 '원칙'의 문제라기보다 '조건'의 문제가 되었다고 본다. 나아가 러시아도 극동지역 개발을 위해 중국과 중앙정부 차원에서 협의를 하고 있고, 중국의 동북개발을 견제하지만 동시에 그에 편승하려는 의도도 있기 때문에 두만강 하류 개발 문제에 보다 적극적인 자세를 보일 가능성이 얼마든지 있다.

---

[69] 북한의 대중국 교역 비중은 2005년 52.6%에서 점차 증가하여 2011년에는 98.1%에 달한 것으로 집계된다(KOTRA '2011년도 북한의 대외무역동향' 참고).

5. 정책적 시사점

이상의 논의는 두만강 하류 개발 문제와 관련하여 우리에게 몇 가지 정책적 시사점을 준다. 첫째, 북한의 대중 경제의존도가 커지고 있는 것은 이미 상당기간 진행되어 온 하나의 흐름이다. 우리가 북·중 간 경제교류와 협력이 확대되는 그 자체에 대해 굳이 반대할 이유는 없을 듯하다. 앞서 본 바와 같이, 북·중 간 협의 과정에서 중국 측이 개혁개방 문제를 지속적으로 제기하는 것이 사실인 만큼 이는 북한의 변화를 가져오는 데 긍정적인 영향을 미칠 것이며, 북·중 경제교류가 확대되는 과정에서 북한사회가 외부세계와 접촉하는 기회도 많아질 것이다. 다만 북한 경제가 중국 경제에 일방적으로 의존하는 현상이 장기화되는 것은 통일기반 마련이라는 측면에서 바람직하지 않다. 따라서 우리로서는 중국과의 공동 진출 등 다양한 방식을 통해 적극적으로 이 과정에 참여하고, 그렇게 함으로써 중장기적으로 북한을 포함한 동북아 전체가 하나의 경제공동체로 발전해 나갈 수 있도록 지속적인 노력을 경주할 필요가 있다.

둘째, 두만강 하류 지역 개발에 대한 우리의 접근이 이제는 남북관계에 대한 고려를 넘어 동북아 광역 경제협력을 염두에 둔 보다 적극적인 시각에서 이루어져야 하겠다. 이러한 점에서 2012년 5월 포스코가 훈춘에 대규모 국제물류단지 건설을 시작한 것은 앞날을 내다보는 결정이다. 또한 최근 러시아가 포스코 측에 나진항 제3부두 공동개발을 제의하였다는 언론보도[70]가 있었는데, 이것이 사실이라면 우리로서는 나진지역의 전략적 중요성을 감안하여 적극적인 검토가 요구된다고 본다. 중국 동북 내륙과 우리 경제의 연결, 시베리아횡단철도$_{TSR}$와 한반도종단철도$_{TKR}$를 연결하는 사업, 남·북·러 에너지망 구축사업 등 그동안 국가적인 차원에서 논의되어 온 동북아 프로젝트 대부분이 두만강 하류 개발의 실현에 그 성공여부가 달려 있는 만큼 보다 큰 틀에서의 접근이 필요하다.

마지막으로, 지난 20여 년간 두만강 하류 지역을 개발하려는 다자적 노력이 지지부진한 것은 사실이지만, 중국의 창지투 계획 추진 등 최근 들어 주변 여건이 점차 개선되고 있는 만큼, 동북아 광역 경제개발을 위한 다자적 접근을 정부 차원에서 새롭게 모색해 볼 필요가 있다. 현재 기능이 위축되어 있는 GTI를 활성화하는 것도 하나의 방안이 될 수 있으며, 이것은 국경 통과 간소화 등 두만강 하류 지역의 국제화 촉진 작업을 가속화하는 데도 도움이 될 것이다.

---

[70] "러시아, "北 나진항 공동개발 하자"…포스코에 러브콜," 매일경제, 2012년 11월 23일.

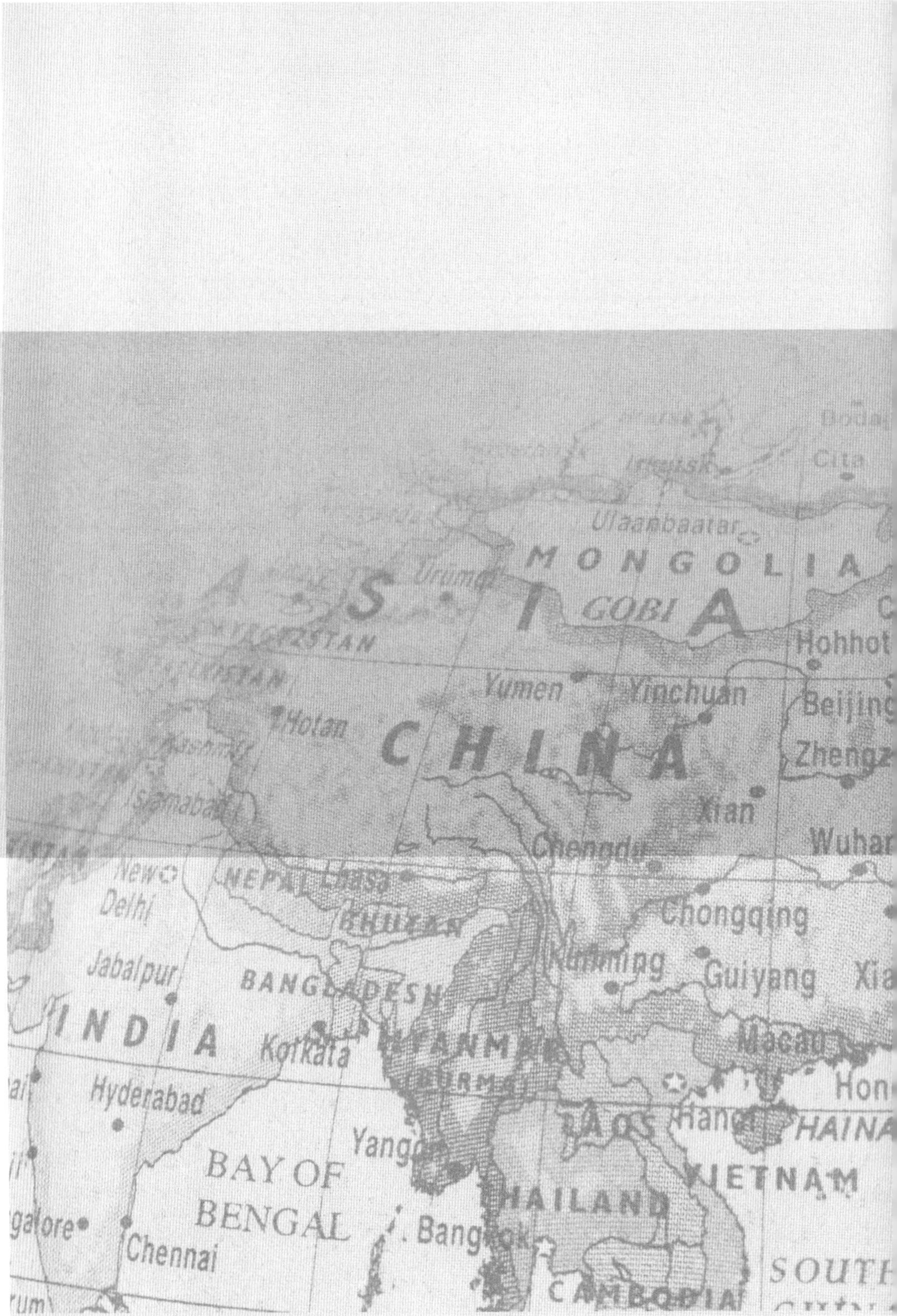
Irkutsk
Cita
Ulaanbaatar
MONGOLIA
A S I A
GOBI
Hohhot
Yumen
Yinchuan
Beijing
Hotan
CHINA
Xian
Chengdu
New Delhi
NEPAL
Lhasa
BHUTAN
Chongqing
Kunming
Guiyang
Jabalpur
BANGLADESH
INDIA
Kolkata
MYANMAR
(BURMA)
Macao
Hyderabad
LAOS
Hanoi
Yangon
VIETNAM
BAY OF BENGAL
THAILAND
Bangkok
Chennai
CAMBODIA
SOUTH

제4장

2015년 아세안 통합

임 홍 재

청주대학교 초빙교수, 전 주베트남대사

1. 들어가는 말

21세기는 아시아·태평양 시대로 일컬어지며 아세안 중심의 동남아시아가 역동성의 핵심 지역으로 부상하고 있다. 아세안 지역은 국제 무역과 투자의 자석이 되고 있다. IMF의 2011년 통계 기준 인구 6억 명, GDP 2조 1500억 달러, 교역량 2조 4100억 달러에 달하는 아세안은 2015년 통합될 경우 인구 면에서는 세계 3위, 경제규모 면에서는 세계 9위, 무역 면에서는 EU와 미국·중국·독일 다음을 잇는 5위로서 세계경제의 주요 블록으로 부상할 것으로 예상된다.[71]

1967년 공산주의 확산에 대응하기 위해 반공전선의 일환으로 설립된 동남아시아국가연합ASEAN은 여러 단계의 발전 과정을 거쳐 이제 세계경제 역동성의 중심으로 변하고 있으며,[72] 그

---

[71] "ASEAN Connectivity: Political will and money," *The Nation*, 2012. 9. 17.
[72] "Asean Front and Center: From talking-shop to crucible of big-power politics," *Asia Sentinel*, 2012. 9. 7.

간의 느슨한 형태의 주권국가 간 연합Association에서 정치안보·경제·사회문화 공동체Communities로 옮겨가고 있다. 즉, 2003년 제9차 아세안정상회의는 발리선언Bali Concord을 통해 정치안보·경제·사회문화의 3개 공동체를 지주로 하는 아세안 공동체 창설 의지를 선언하고, 2008년에는 아세안 헌장ASEAN Charter을 발효시킴으로써 아세안에 법적 인격을 부여하여 과거 느슨한 국가 간 연합체로부터 지역기구로 탈바꿈하고 있다. 아세안은 헌장에 따라 아세안 상주대표위원회 설립2009년, 아세안 정부 간 인권위원회 설립2009년, 아세안 특권면제에 관한 협약2010년 등 지역기구로서의 체제 정비 작업을 계속해 오고 있다.

3개 공동체 창설을 위한 통합 과정에서 가장 어렵고 또 핵심이라 할 수 있는 경제공동체의 청사진을 보면, 아세안은 2015년 금융·운송·인프라·통관 규정·인적 자본의 이동 및 경제 정책 등을 현대화하여 통합하기로 했는데, 청사진 내용대로 진척된다면 아세안은 무역을 통해 경제를 발전시키고 삶의 질을 개선하여 세계 문제에 영향력을 끼칠 수 있는 잠재력을 가지고 있는 것으로 보인다.

그러나 통합 목표 시한을 3년 남겨 놓은 아세안이 세계가 주시하는 가운데 과연 공동체 통합 목표를 이루어낼지 지대한 관심이 쏠리고 있다. 물론 아세안은 아세안지역안보포럼ARF과 동아시아정상회의EAS 등 지역의 안보 문제에서 주도적 역할을 수행하여 능력을 보여 주었다. 나아가 2010년을 기준으로 아세안 6개 선발회원국은 전체 상품의 99%에 대해 무관세를, 4개 후발회원국들은 전체 상품의 98.6%에 대해 0~5%의 관세율을 적용하고 있다.[73] 그러나 이러한 가시적인 성과와 함께 아세안은 통합을 진행하는 데 있어 내외적으로 많은 도전에 직면해 있다. 특히 통합과 관련된 124개 경제협정에 대한 회원국의 비준율이 73% 수준에 불과하다.[74] 또한, 회원국들은 각각 국내의 시급한 문제에 집중하고 있어 지역통합 지향적 측면보다는 내부지향적 국익중심주의가 존재하고 있으며, 이러한 경향은 가까운 장래에도 변하지 않을 것으로 보인다.[75] 나아가 아세안 특유의 '아세안 방식ASEAN Way'이 정치·경제·문화 등에서 상당한 차이를 가진 회원국 간 이해관계를 통합 과정에서 원만히 조정해 나갈 수 있을지 의문이 제기되고 있다. 또한 '아세안 중심주의ASEAN Centrality'가 각종 동아시아 지역협력체를 계속 이끌어 갈 수 있을지 등의 문제도 제기되고 있다.

아세안 지역은 이미 우리 외교의 핵심 지역으로 등장하였다. 아세안은 중국 다음으로 큰 무역 대상지이자 역시 둘째로 큰 해외투자 대상지이며, 매년 400여 만 명의 한국인이 방문하는 지역이기도 하다.[76] 또한, 아세안은 한류의 발원지로서 현재

---

[73] Sanchita Basu Das (ed.), *Achieving the ASEAN Economic Community 2015: Challenges for Member Countries and Businesses*, Singapore: Institution of Southeast Asian Studies, 2012; "ASEAN chief says region's single market goal still on track", *GMA News*, 2012. 9. 13.

[74] Sanchita Basu Das, *op. cit.*, p. 16.

[75] "ASEAN's Missed Opportunities," *Asia Sentinel*, 2012. 10. 3.

[76] 이재현, '한-아세안 특별 정상회의 평가 및 향후 과제', 외교안보연구원, 2009, 3~4쪽.

한류가 왕성하게 확산되고 있는 지역이다. 우리나라는 아세안과 상품·서비스·투자 분야에서 이미 FTA를 체결했고, 동남아시아우호협력조약TAC에 가입하였으며, 최근에는 아세안과 '전략적 동반자' 관계를 맺었다. 아세안 지역에 29만여 명2009년의 우리 국민이 거주하고 있고, 우리나라에 아세안 국가 출신의 국민 28만여 명2012년이 거주하고 있다. 이중 한국에 정착하여 다문화 가정을 이룬 결혼 이주 여성은 5만 7천여 명2012년에 이른다.[77]

아세안은 정치 및 경제에서 우리에게 중요한 상대이기 때문에 아세안의 통합이 우리에게 어떤 시사점을 주는지 분석하고 그에 대응하는 것은 매우 중요한 일이다. 이 글은 3개 지주의 아세안 공동체 중 핵심 지주가 될 것으로 보이는 경제공동체의 설립 과정 및 전망을 중심으로 기술한다.

---

[77] 행정안전부 2011년 외국인주민현황자료.

2. 2015년 아세안 공동체 창설 추진 과정

아세안은 여러 계기로 2015년 통합을 추진하기 위해 중요한 결정을 내렸다. 그 첫 조치로, 1997년 제2차 아세안 비공식 정상회의는 신규 회원 가입을 통한 아세안의 확대, 선발회원국과 후발 회원국 간 개발격차 해소를 위한 노력을 표명한 '아세안비전 2020ASEAN Vision 2020'을 채택하였다.

나아가, 2003년 10월 제9차 정상회의는 발리선언을 통해 2020년까지 정치·안보·경제 및 사회·문화 등 분야별 공동체 창설을 추진키로 합의하고 3개의 아세안 공동체 창설을 목표로 하는 협력선언을 채택하였다. 정치·안보 공동체Political-Security Community는 안보 협력 확대를 지향하며 동남아시아우호협력조약과 연례 각료회의AMM 및 국방장관회의ADMM를 실현 수단으로 활용하고, 경제공동체Economic Community는 상품과 서비스·자본 이동이 자유로운 단일 시장 및 생산기지 형성을 지향하면서 인적자원 개발·금융정책·과학기술·운송·IT·관광 협력을 확대하는 것을 골자로 하고 있다. 사회·문화공동체Socio-Cultural Community는 문화·예술, 재난관리·교육·환경·노동·빈곤 완화·전염병 예방 등의 분야에서의 공동협력을 강화하기로 하였다.

2007년 1월 제12차 정상회의는 아세안 공동체 설립 가속화에 대한 세부선언Cebu Declaration을 채택하고, 당초 2020년까지 달성을 목표로 하던 3개 아세안 공동체 창설을 2015년으로 앞당겨 조기 추진키로 결정하였다. 같은 해 11월에 열린 아세안 정상회의는 아세안의 체계화 및 제도화를 구현하여 지역기구로서 아세안의 역할 강화를 주요 내용으로 하는 아세안 헌장을 채택하고, 회원국들은 이 헌장을 2008년 12월 공식 발효시켰다. 이 헌장은 아세안의 기능과 역할에서 커다란 전환을 가져온 법적 문서인데, 헌장의 주요 내용은 아세안에 법인격legal personality을 부여함과 동시에 아세안 인권기구 설치, 독립적인 분쟁해결기구 도입을 규정하고 있다. 또한, 아세안정상회의 연 2회 개최, 외무장관의 조정이사회, 각 공동체별 이사회, 사무총장의 대외 대표 및 최고 행정관 지위 부여 등 사무국 조직 확대 및 기능 강화, 아세안 상주대표부 설치인도네시아 등을 명시하고 있다.

3. 단일 시장 및 생산기지를 목표로 한 아세안의 경제통합 추진 현황

아세안 통합에서 핵심 지주인 아세안경제공동체AEC 청사진의 서문은 아세안이 단일 시장 및 생산기지로 통합되고, 고도의 경쟁력을 갖춘 경제지역, 균형 경제발전 지역, 세계경제에 완전히 통합된 지역을 목표로 한다고 밝히고 있다.

3.1. 관세 인하[78]

AEC 청사진의 첫 번째 측면인 단일 시장과 생산기지single market and production base와 관련하여 아세안은 2010년 1월 현재 아세안 6개 선발회원국 전체 상품의 99%에 대해 0%의 관세율을 적용했고, 나머지 4개 후발회원국인 CLMV에게도 전체 상품의

---

[78] Sanchita Basu Das, *op. cit.*, p. 2.

98.6%에 대해 0~5%의 관세율을 적용하여 6개 선발회원국에 크게 뒤지지 않고 있다. 관세 인하는 AEC 추진에서 대표적인 성공 사례로 언급되고 있다.[79] 아직도 아세안은 주요 자유무역지역 중 역내 무역intraregional trade 비중이 낮은 편이지만, 관세 인하 결과로 아세안 역내 무역은 1990년 18.84%에서 2011년에는 25.94%로 7.1% 증대했고, 이런 증가추세는 앞으로도 계속 될 것으로 보인다.[80]

표 1. 아세안 역내 투자 및 무역 추세

	연도	아세안 전체	아세안 5개국
역내투자	2008년	94억 4000만 달러	63억 5000만 달러
	2009년	52억 7000만 달러	45억 달러
	2010년	122억 7000만 달러	102억 3000만 달러
	연도	아세안 전체	아세안 6개국
역내무역	2008년	4,401억 1000만 달러	4,309억 1000만 달러
	2009년	3,762억 달러	3,442억 4000만 달러
	2010년	5,198억 달러	4,824억 1000만 달러

출처: 〈한-아세안센터〉

---

[79] Economic Research Institute for ASEAN and East Asia (ERIA), 'Mid-Term Review of the Implementation of AEC Blueprint: Executive Summary', 2012, p. 11.
[80] 정상화, '2012년 동아시아 정상회의', 세종연구소, 〈정세와 정책〉, 2012년 12월호, 21쪽.

3.2. 비관세장벽[81]

상품 교역과 관련된 관세 인하에는 가시적인 진전이 있지만, 많은 비관세장벽이 여전히 존재하여 회원국들이 아세안자유무역지대AFTA 협정하에서 누릴 수 있는 잠재이익을 감소시키고 있는 것으로 분석되고 있다. AEC 14항은 필리핀을 제외한 아세안 선발회원국 5개국은 2010년까지, 필리핀은 2013년까지, 그리고 CLMV는 2015년까지 비관세장벽 철폐를 정하고 있다. 그러나 선발회원국인 말레이시아와 인도네시아에서는 민감한 자국산업 보호를 위해 보조금과 수입제한조치 형태의 보호주의적 조치를 여전히 시행하고 있고, 필리핀은 무역에 보다 높은 수준의 기술 장벽을 두고 있는데, 기업들은 관세율 저하에도 불구하고 비관세장벽이 자국의 산업 보호 및 수입으로부터의 경쟁을 관리하는 기능을 발휘하고 있다고 믿고 있다.

아세안의 비관세조치의 유형은 기술 장벽·위생기준·통관 및 핵심 비관세조치허가규제와 수량규제, 제반 금지사항 및 특정기업체 지정 규제, 수입단일창구 지정, 외환시장 제한 등 등으로 분류된다. 아세안 내에 비관세조치에 관한 데이터베이스가 없고, 회원국들은 자신이 취하는 비관세조치에 대해 사무국에 보고도 하지 않고 있어 비관세조치와 관련된 추가 조치 금지 및 투명성 제고 등을 감시할 강력한 메커니즘을 개발할 필요가 있는 것으로 지적되고

---

[81] Sanchita Basu Das, *op. cit.*, pp. 2-3.

있다.[82]

3.3. 원활화 조치[83]

무역 원활화도 역내 관세 및 수출입 통관에서 가시적인 개선을 가져오고 있으며 또 하나의 성공 사례가 될 것으로 언급되고 있다.[84] 아세안은 비관세장벽 제거와 통관 기준 준수의 단순화 및 회원국 간 상호조화, 위생 및 식물 위생 조치 문제를 조직적으로 다루기 위해 무역촉진기본틀Trade Facilitation Framework을 채택했고, 2015년까지 아세안무역정보집산소ASEAN Trade Repository를 설립하여 국가 및 지역 차원의 규제에 관한 정보를 집산할 예정이다. 신속한 통관을 위해 아세안은 전기 및 전자, 화장품 분야에서 상호인증협정Mutual Recognition Agreement을 체결했고, 아세안단일창구ASEAN Single Window 설립이 진행 중에 있는데, 이는 아세안 내 무역 원활화의 핵심이다. 원산지 선언에 관한 인증서 개발, 아세안의 조화된 기술 규정과 요구 사항을 준수한 제품의 신속한 통관을 지지하기 위해 이행표시제도Conformity Marking Scheme를 개발 중에 있다.

---

[82] ERIA, *op. cit.*, pp. 23-24.
[83] Sanchita Basu Das, *op. cit.*, p. 13.
[84] ERIA, *op. cit.*, p. 12.

3.4. 노동력의 이동[85]

노동의 자유이동에 관한 제약은 아세안의 완전한 통합을 지연시키는 문제 가운데 하나이다. 태국의 외국인고용법Alien Employment Act은 토목공학·법률·용역 등에서 외국인 고용을 금지하고 있고, 말레이시아의 기술노동자 부족은 전자산업 공동화의 주원인이 되고 있다. 기술노동력의 부족은 새로운 투자 유치에서는 물론 지역생산 네트워크에서 제조업의 부가가치 제고도 저해하고 있는 것으로 분석된다.

3.5. 서비스산업[86]

서비스산업의 자유화는 태국·인도네시아 등 아세안 국가 간의 커다란 과제이다. 서비스에 관한 아세안기본협정ASEAN Framework Agreement on Service하에서 아세안 국가들이 한 공약은 사실 그 내용이 매우 빈약하다. 인도네시아는 보건관리, 특히 일반 의료진료, 앰뷸런스 서비스에 외국인 투자를 금하고 있고, 의약품 판매는 보건부의 허가를 받도록 하고 있다. 태국은 네 개 부문의 우선 산업에서 외국인의 51% 투자를 허용하지 않고 있다. 인도네시아(52%), 태국(49%), 필리핀(54%) 등지에서는 서비스 산업이 차지하는 비중이 매우 크기 때문이다. 분명한 공업정책이

---

[85] *ibid.*, p. 13.
[86] *ibid.*, p. 3.

있는 제조업과는 달리 서비스 부문 정책이 제정되어 있지 않아 서비스 부문의 자유화를 위한 회원국 간 조율이 어려운 것도 아세안 내 서비스 자유화를 저해하는 요인 중 하나로 지적되고 있다.

3.6. 경쟁정책[87]

다음 AEC의 측면은 경쟁력이 있는 지역경제이다. 아세안 기업들이 타 지역 기업과 경쟁할 수 있도록 하는 효과적이며 규범화된 경쟁정책은 아세안의 경쟁력인 것이다. 인도네시아·싱가포르·태국·베트남은 경쟁법을 공포하고 독립적인 경쟁감독기관을 설립했지만, 말레이시아·필리핀·브루나이는 경쟁정책 분야에서 많이 뒤지고 있으며, 반독점법을 아직도 입법하지 못하고 있다.

3.7. 연계성 구축

아세안 연계성ASEAN Connectivity은 아세안 헌장ASEAN Charter, 아세안 중심주의ASEAN Centrality와 함께 아세안의 3C 중 하나이다. 아세안 연계성은 역내 통합·발전 전략의 요체인데, 육로 인프라 구축의 경우 인도차이나 반도의 남북회랑·동서회랑·남

---

[87] *ibid.*, p. 3.

서부회랑 건설에서는 괄목할 만한 진전이 있지만, 쿤밍-싱가포르 철도 연결은 진척 속도가 매우 완만한 상태이다. 중국-라오스-태국 간 고속철도 건설은 현재 아이디어 수준이고, 아세안 내 소지역 협력체인 인도네시아-말레이시아-태국 간 삼각연결IMT-GT, 아세안 성장지대BIMP-EAGA도 가시적인 진전이 없는 것으로 보인다.[88] 아세안 연계를 지원하기 위해 설립된 아세안인프라기금AIF에 2012년 9월 현재 4억 8500만 달러가 모금되었는데, ADB 측은 향후 10년 동안 6000억 달러가 필요하다고 추산하고 있다. 아세안 측은 2020년에 이르면 아세안인프라기금이 40억 달러로 증대될 것으로 예상하고 있다.[89]

운송 분야[90]에서는 상품통과·복합운송 및 국가 간 운송 촉진 등 세 개의 기본협정이 체결되었는데, 이 협정들은 무역과 운송 절차 및 문서작성의 단순화, 통과운송 및 복합운송 운영자의 등록에 관한 통일된 지침서 및 요구사항 작성, 중단 없는 화물운송에 ICT 적용 등에서 도움을 줄 것으로 보인다. 항공운송과 관련해서는 아세안 모든 도시에 무제한 취항권을 부여하고 있는 승객운송서비스의 완전자유화에 관한 아세안의 다자협정ASEAN Multilateral Agreement on Full Liberalization of Passenger Air Service이 완료되었고, 2011~2015년 아세안 전략적 운송계획 ASEAN Strategic Transportation Plan은 운송 형태 등 운송 연결의 모든

---

[88] "ASEAN's Missed Opportunities," *Asia Sentinel*, 2012. 10. 3.
[89] 'ASEAN Connectivity: Political will and money', *The Nation*, 2012. 9. 17.
[90] Sanchita Basu Das, *op. cit.*, p. 15.

점을 포함하고 있다. 연결은 내부 시장을 구축하고 세계경제와의 연결에도 매우 긴요하기 때문에 아세안은 연결 종합계획을 채택했고, 이 종합계획은 운송·정보통신기술·에너지·국경이동 연결과 사람·상품·서비스의 원활한 이동 촉진에 집중하고 있다. 2010년 아세안 정상회의는 아세안 연계성에 관한 종합계획 Master Plan on ASEAN Connectivity을 채택했는데, 물리적 인프라, 제도적 연결, 국민 간 연결 등을 담고 있으며 2011~2015년까지 이행될 예정이다.

3.8. 균형발전

AEC의 셋째 측면은 지역 내 균형발전이다. 2002년 11월 아세안정상회의는 6개 선발회원국과 캄보디아·라오스·미얀마·베트남 등 4개 후발회원국 간 개발격차를 해소하기 위해 아세안통합이니셔티브IAI의 실행 계획을 승인하고 2002~2008년간 인프라·인적자원 개발·정보통신 기술·지역경제 통합 등 4개 분야 총 134개 사업을 추진하기로 했다. 이를 위해 아세안에서 1억 9100만 달러, 대화상대국과 개발기구 등에서 2000만 달러한국 500만 달러를 지원하였다. 2005년 12월 제11차 정상회의에서는 4개 후발회원국의 필요를 충족할 수 있도록 협력 분야를 늘리고 이를 충당하기 위해 개발기금의 확대를 약속하였다. 2009년 3월 제14차 정상회의는 2015 아세안 공동체 실현에 있어 개발격차 해소의 중요성을 강조하고, 2009~2015년 동안 IAI 2단계 실행계획을 승인하였다.

아세안의 이러한 조치들은 2015년 AEC 설립이 실현되려면 아세안 내 개발격차를 해소해야 한다는 것을 잘 알고 있기 때문이다. 즉, CLMV 국가들이 AEC 건설에 효과적으로 참여하고 AEC로부터 이익을 누리려면 다른 아세안 6개국을 따라갈 수 있도록 발전 수준을 공동체에 적합한 수준으로 끌어올려야 한다. CLMV를 돕는 방안 중 하나가 '아세안이 아세안을 돕는 접근ASEAN help ASEAN Approach'이다.[91] 즉, 아세안 6개국은 양자 차원에서 CLMV 국가들에게 그들의 경험과 지식을 공유하면서 CLMV에 투자를 증대하는 것이다. 투자를 통해 개발 관련 지식과 노하우를 CLMV에 전수해 주어 CLMV가 AEC 통합에 기여하도록 하는 것이다.

3.9. 세계경제와의 통합

AEC의 넷째 측면인 세계경제와의 완전 통합과 관련하여 아세안은 아세안+1 FTA 차원에서 이미 중국·일본 및 한국과 자유무역협정을 체결했고, 호주-뉴질랜드와의 자유무역협정 및 인도와 상품 자유무역협정은 이행을 시작했다. 라오스는 2012년 11월 아세안 회원국으로서는 마지막으로 WTO에 가입했다. 아세안은 역외 대화상대국들과 체결한 아세안+1 FTA가 관세

---

[91] ibid., p. 4, 17.

자유화, 원산지 규정, 서비스 부분 자유화, 무역 원활화, 다수 FTA로 인한 스파게티볼 효과spaghetti bowl effect 등을 극복하기 위해서는 좀 더 광범위한 지역을 포함하면서 보다 높은 수준의 FTA 추진이 필요하다고 판단해 2012년 11월 제21차 정상회의를 계기로 6개 대화상대국한국·중국·일본·인도·호주·뉴질랜드과 함께 역내포괄적경제동반자협정RCEP의 자유무역협정 공식 개시를 선언했다.[92] 아세안은 2015년 AEC 창설에 맞추어 타결을 목표로 하는 RCEP가 아세안과 대화상대국 간 상품 무역을 완전히 자유화시켜 줄 것으로 기대하고 있다.

3.10. 금융

AEC 설립을 위한 통합 과정에서 금융 분야는 매우 중요하다. 2008년 금융위기에도 불구하고 아세안은 회원국들이 금융 및 통화 부양조치를 통해 경제 회복을 달성했는데, 2008년도에 평균 7.3%의 성장률을, 2009년에는 전년의 위기 때문에 평균 1.9%의 성장률을 보였지만,[93] 2010년 6.1%, 2011년 7.1%의 성장을 달성하여 아세안이 통합을 추진해야 하는 인센티브를 제공

---

[92] 아세안(10개국)+6개국(한국·중국·일본·호주·뉴질랜드·인도)의 경제규모는 GDP 14조 달러(전 세계 GDP의 20.5%), 무역규모 10조 1300억 달러이며, 우리나라에 대한 경제효과 10년간 194억 달러로 예상된다(자료: 외교통상부 등).

[93] Sanchita Basu Das, *op. cit.*, p. 13.

하고 있는 것으로 분석된다.[94]

아세안은 치앙마이이니셔티브다자화CMIM에 따라 2010년 3월 1200억 달러의 스와프협정을 가동했다. 이 다자 스와프기금은 아세안과 한국·중국·일본의 단기유동성 부족 해소에 도움이 될 것으로 보이며, CMIM 감시사무소는 2011년 싱가포르에 설립되었다. 한편 아세안과 한국·중국·일본의 재무장관들은 2010년 7억 달러 규모의 신용보증 및 투자기구Credit Guarantee and Investment Facility를 설립했는데, 이 기구는 채권시장의 발전을 도울 것으로 보인다.[95]

3.11. AEC 조치 및 정책수단에 대한 아세안의 우선순위 부여

AEC 설립은 2015년 12월에 선언될 예정이다. 3년 내 아세안은 AEC 청사진에서 제시한 정책들을 이행해야 하는데, 이는 결코 쉬운 일이 아니다. 한편으로는 범세계적으로 일고 있는 투자유치 경쟁을 볼 때 아세안으로서는 AEC를 목표 연도에는 반드시 설립해야 하는 상황이다. 이에 아세안은 2015년 말까지 AEC 설립을 위해 노력을 배가하기로 하면서, 2012년 4월 캄보디아의 프놈펜에서 열린 아세안정상회의를 통해 AEC 실현 과정에서 제기되는 도전과 장애에 대응하기 위해 AEC 청사진의

---

[94] 아세안 통계국
[95] Sanchita Basu Das, *op. cit.*, pp. 14-15.

활동과 조치에서 우선순위를 정해 추진하기로 결정했다.[96] 이에 아세안은 관세 및 비관세의 철폐, 무역 원활화, 서비스 및 투자의 자유화는 2015년까지 우선사업으로 추진키로 하고 기준 및 이행·자본시장 개발·금융시장 통합·경쟁정책·ICT·IP·에너지·농업 등은 2015년 이후 사업으로 결정했다.

---

[96] ERIA, *op. cit*., pp. 16-22.

4. 통합에 제기되고 있는 제반 도전

4.1. 회원국 내 다양하고 상이한 체제[97]

아세안 회원국 간에는 절대군주제브루나이, 입헌군주제캄보디아·말레이시아〈연방제〉·태국, 사회주의라오스·베트남, 군사독재미얀마, 공화정인도네시아·필리핀·싱가포르 등 다양하고 상이한 정치 체제가 존재하고 있다. 경제 제도도 싱가포르완전 개방, 인도네시아·태국·말레이시아·필리핀·브루나이개방, CLMV통제 경제 등 다양한 형태이다. 통합은 시장경제 원칙이 작동할 때 가능한데, 아세안의 시장경제 적용은 아직은 시간이 필요한 것으로 보인다. 소득수준에서도 회원국 간 차이가 매우 큰데, 2011년 기준 브루나이 3만 6583달러, 캄보디아 851달러, 인도네시아 3508달러, 라오스 1203

---

[97] "Asean Front and Center: From talking-shop to crucible of big-power politics," *Asia Sentinel*, 2012. 9. 7.

달러, 말레이시아 9699달러, 미얀마 831달러, 필리핀 2223달러, 싱가포르 4만 9270달러, 태국 5394달러, 베트남 1374달러이다.[98] 또한 종교적으로도 불교라오스·태국·미얀마, 이슬람인도네시아·말레이시아·브루나이·필리핀 남부, 가톨릭필리핀 등 다양성을 지니고 있다. 대체로 대륙 국가는 불교를, 도서 국가필리핀 제외는 이슬람을 신봉하고 있다. 문화적으로 볼 때 동남아 대부분의 국가들은 인도 문화의 영향을 많이 받았고, 베트남은 중국문화유교의 영향을 많이 받았다. 태국을 제외한 모든 회원국들이 식민지 통치를 겪었다. 필리핀은 (스페인 식민통치 후) 미국의 식민통치를, 인도네시아는 네덜란드의 식민통치를, 미얀마·말레이시아·브루나이는 영국의 식민통치를, 베트남·캄보디아·라오스는 프랑스의 식민통치를 받은 바 있다.

　종교와 식민지 경험으로 인해 국제 문제에 대해 인식이 다를 수 있고 여기에 정부의 구조 및 통치 원칙 등에서 차이가 매우 커서 인권·민주주의·법치 등 일련의 보편적 핵심 가치에 합의하는 것은 매우 어려운 것으로 보인다. 최근 아세안이 비구속적 성격의 인권기구를 설립했지만, 독재와 반쪽 민주주의 및 민주주의 등 다양한 정권들이 존재하는 상황에서 동일한 정도의 수준으로 이런 기본 가치를 공유하고 이행하기는 어려울 것으로 보인다. 이런 정치 형태의 차이가 아세안이 토크숍 talk shop에서 지역 및 세계 차원의 행위자로 부상하는 데 가장

---

[98] International Monetary Fund (IMF), *World Economic Outlook, April 2012*.

큰 장애로 작용하고 있다. 기본 가치를 서로 공유하는 경우가 그렇지 않은 경우보다 분쟁을 평화적으로 해결할 가능성이 크기 때문에 인권·민주주의·법치 등에서 서로 다른 아세안 회원국들이 구체적이고 단합된 행동을 보여주지 못하는 것은 예견 가능한 일로 보인다. 이런 상황에서는 남중국해 분쟁을 해결하기도 어렵고, "하나의 비전, 하나의 정체성, 하나의 공동체One Vision, One Identity, One Community"라는 아세안의 모토도 실현하기 어려울 것이라는 우려도 있다.[99]

4.2. 아세안 중심주의

아세안은 1994년 ARF, 1997년 아세안+3, 2005년 EAS아세안+6, 2010년 EAS 확대아세안+8 등 동아시아 역내 협력체제 형성을 주도하였다. 아세안은 대화상대국들에게도 TAC 서명을 요구, 이를 역내에서 무력사용 금지에 관한 제도 또는 규칙으로 이용하면서 이들에게 아세안 중심주의를 인식시켰다. 2008년 발효한 아세안 헌장은 2조(원칙), 32조(의장국 역할), 41조(대외 관계)에서 아세안 중심주의를 규정하고 이를 아세안의 대외 관계의 핵심 원칙으로 강조하고 있다. 한국·중국·일본·미국 등 아세안 인근 국가들은 아세안 중심주의를 지지하고 있다. 첫째는 아세안을 대체할 대안이 없다는 점이며, 둘째는 아세안이 45년

---

[99] "ASEAN's Missed Opportunities," *Asia Sentinel*, 2012. 10. 3.

간 지역협력체를 운영했던 노하우를 가지고 있고, 또 지역통합의 구심체로 역할을 수행 중에 있기 때문이다.

아시아·태평양 지역에는 아세안이 주도하거나 또는 참여하고 있는 지역협력체가 여럿 있다. 아세안+1, 아세안+3, 아세안+6, ARF, EAS, EAC, GMS, PBG Pan-Beibu Gulf Economic Cooperation, APEC, 미국 주도의 TPP 일부 회원국만 참여 중, 아세안+6 간 RCEP 등이 그 예다. 이 밖에 동아시아 지역협력체로 한·중·일 3국 간 FTA가 추진되고 있으며, 아시아태평양공동체 Asia Pacific Community, 태평양 중심의 평화 Pax Pacifica[100] 등이 제안되었다. 이런 다양한 동아시아 지역협력체 부상은 아세안 중심주의에 보완적 역할을 할 수도 있지만, 한편으로는 경쟁적 측면도 있는 것으로 보인다. 아세안이 자신의 중심적 역할을 수행하면서 다양한 지역협력체를 활용하는 것은 하나의 커다란 도전이 될 것이다. 특히 중국과 인도의 부상은 아세안 중심주의에 또 다른 커다란 도전이 될 수 있고, 한·중·일 FTA 역시 체결된다면 아세안에게는 또 하나의 도전이 아닐 수 없다. 아세안이 이러한 여건 변화에 능동적으로 대처해 나가려면 새로운 아세안 방식을 채택해야 할 것으로 보이며,[101] 이는 아세안 중심주의를 전략적 강점으로 변화시켜 줄 수 있을 것이다. 아세안 중심주의는 구호로만 유지될 수 있는 것은 아니다.

---

[100] "Asean must remain the heart of Pacific," *The Nation*, 2102. 10. 6.
[101] "Time for a new ASEAN way," *Asia Times*, 2012. 9. 11.

4.3. 아세안 방식

아세안 방식은 아세안의 상징이다. 아세안의 성가 명칭도 "ASEAN Way"이다. 아세안 방식은 1976년 채택된 TAC의 2조 6항에서처럼 성문화되기도 했지만, 아세안 방식의 근간은 고정적인 것이 아니고 아세안 발전 과정에서 기능화한 불문율의 규범을 지칭한 것이다. 아세안 방식의 내용은 첫째, 내정 불간섭과 분쟁의 평화적 해결 및 무력 불사용 등 보편적 규범에 속하는 것이 있다. 둘째는 컨센서스 방식과 비공식주의 및 점진주의 등 의사결정에 관한 것이다. 셋째는 개인보다 사회를, 자유보다 질서를, 경쟁보다 조화를, 계약보다 양해를 우선시 하는 '아시아적 가치Asian Value'에 속하는 것 등을 포함하는 것으로 분석된다.[102]

아세안은 공식 절차를 통해 마련한 법적 구속력이 있는 협정의 틀보다는 임시적 차원의 이해와 비공식 절차를 바탕으로 운영되는 주권 국가의 모임이다. 흥정과 교환의 협상보다는 상호 간 완만하고 조심스러우며 임시적인 접근의 협의와 컨센서스를 통해 회원국들을 적대관계에서 협력관계로 인도하였다. 아세안은 1967년 설립된 후 9년이 지나서 처음으로 법적 구속력이 있는 TAC를 채택했고, 또 10년이 지난 1977년에 특

---

[102] 이원형, '중국의 위협론과 아세안의 관여정책: 남중국해 문제를 중심으로', 〈중국의 부상과 동남아의 반응: 대사들의 진단〉, 동북아역사재단, 2011, 277~281쪽; "Asean at 45: torn between US protection and Chinese trade," *The Nation*, 2012. 10. 19.

혜무역약정Preferential Trade Arrangement을 채택했으며, 또 10년이 지난 1987년에 투자 보호 및 증진에 관한 협정Agreement for the Promotion and Protection of investment을 채택했다. 1990년대에 들어서면서 법적 구속력이 있는 협정을 다수 채택하였다.[103] 아세안이 다층적이고 다기화의 측면을 지닌 경제통합에 안정·신뢰·효율성을 제공하려면 분명하고 확고하며 강제이행을 구비한 구속력을 갖춘 법적 기반을 제공해야 한다. 즉 아세안 방식에서 법치로 진화해 나가야 한다.

이제 아세안에게 새로운 아세안 방식이 필요한 것으로 보인다. 2012년 7월 '프놈펜 실패'[104]는 기존의 아세안 방식으로는 문제 해결이 어려울 것이라는 사실을 시사하고 있다. 회원국들이 어떤 역내차원의 문제에 대해 일부의 자치주권를 양보하지 않는다면 아세안은 비효율적 기구가 될 것이다. 아세안이 단합된 전선을 유지하려면 회원국들은 아세안이 지역 차원의 결정을 내릴 경우 이를 존중하고 지지해야 한다.

이를 위해서는 아세안이 의사결정 방식을 조금 더 탄력적으로 운영해 나갈 필요가 있다. 아세안 헌장 20조는 아세안의 의사결정은 협의와 컨센서스consultation and consensus로 이루어진다고 정하고 있다. 컨센서스 의사결정은 변화보다는 현상 유지의

---

[103] Rodolfo C. Severino, "The ASEAN Way and the Rule of Law," International Law Conference on ASEAN Legal Systems and Regional Integration, Kuala Lumpur, 2001. 9. 3.

[104] "After Phnom Penh AMM Failure: ASEAN Needs To Regain Cohesion And Solidarity-Analysis," *Eurasiareview*, 2012. 7. 22.

보수적 입장을 유지하는 경향이 크다. 인권·민주주의·시장경제 등 기본 가치를 공유하는 OECD는 표결에 의한 의사결정 규정에도 불구하고 관행적으로 컨센서스 의사결정을 택해 왔는데, OECD도 컨센서스에 의한 의사결정 때문에 세계경제를 주도하는 역할을 수행하는 데 많은 지장을 초래하고 있는 것으로 지적되고 있다.[105]

정치체제, 경제 발전 정도, 추구하는 가치 등에서 회원국끼리 서로 상이한 아세안은 앞으로 컨센서스 의사결정 때문에 더 많은 도전에 직면할 것으로 예상된다. 통합 과정에서 아세안이 변화를 위한 조치를 결정해야 할 경우가 많을 것으로 보이기 때문이다. 외교 및 안보 문제는 컨센서스 의사결정을 적용하더라도, 경제 문제에서는 헌장 21조 2항의 '컨센서스-X 다수 국가가 먼저 선도하고 나머지 국가는 능력이 갖추어지면 따라감' 방식이나 아세안이 일부 문제에서 적용하고 있는 'Two Plus X 두 나라가 선도하고 나머지가 따라 가는 방식'를 조금 더 적극적으로, 그리고 광범위하게 적용할 필요가 있는 것으로 보인다. 통합아세안은 대외 여건의 변화에 신속하게 적응해야 하며, 이런 점에서 의사결정 방식을 조금 더 탄력적으로 운용해야 할 필요가 점증할 것이다.

---

[105] 임홍재, 〈경제협력개발기구: 세계경제 논의의 포럼〉, 지식산업사, 1998, 88~91쪽.

4.4. 분쟁해결 메커니즘의 미흡

통합으로 가는 과정에서 벌써 아세안 역내 무역과 투자가 증대해 가고 있으며 이에 따라 분쟁도 증가할 것으로 예상된다. 지역 차원 약속의 불이행이 발생하면 이를 해결해야 하는데, 아세안에는 현재 단일 분쟁해결기구가 존재하지 않고 있다. 아세안의 상품·서비스·투자 협정은 각각 분쟁해결 메커니즘에 대해 공약했지만, 분쟁해결 메커니즘은 매우 취약한 것으로 지적되고 있다. 경제문제 분쟁해결과 관련하여 발리선언에서 그 윤곽을 제시했는데, 아세안은 발리선언에 따라 아세안 차원의 협의ACT, 분쟁해결 메커니즘 강화EDSM 문제를 논의해 왔지만 아직은 별 진전이 없는 상태이다.[106]

4.5. 민간기업의 소극적 반응

아세안 지역 내 대기업들은 2015년 경제통합에 미지근한 반응을 보이고 있는 것으로 조사되고 있다.[107] 에어아시아Air Asia와 CIMB 및 방콕은행Bangkok Bank·싱가포르텔레커뮤니케이션스SingTel·시암시멘트Siam Cement 등 일부 대기업들은 아세안 통합을 잘 활용하고 있지만, 이는 예외에 불과하다. 아세안 민간기업들은 아세안 통합 이행율 75%에 실망감을 표명하고 있으

---

[106] ERIA, *op. cit.*, p. 48.
[107] "ASEAN's Missed Opportunities," *Asia Sentinel*, 2012. 10. 3.

며, 특히 중소기업의 아세안 통합 인지도가 매우 저조태국의 경우 8%한 상태다. 아세안 전체 기업의 98%를 차지하는 중소기업은 75~85%의 고용을 창출하고 있는데, 이 중소기업들은 자급자족형 기업으로 관광을 제외하고는 아세안 차원의 경제통합 효과를 누리지 못하고 있다. 한편, 기업의 아세안 우대 관세율 활용도 필리핀 15~17%, 베트남 20% 등 2008년 현재 전체적으로 23% 수준이다.[108] 그 사유는 높은 행정 비용, 낮은 우대율 마진, 복잡한 원산지 규정, 여전히 높은 비관세장벽 등 때문이다.

4.6. 아세안 내 리더십

아세안이 의욕적인 통합을 이루어 내려면 강력한 지도자나 지도국을 필요로 하는 것으로 보인다. 지도자나 지도국은 기술력·경제력·개방·분쟁 조정 능력 등에서 리더십이 있어야 한다. 특히 공동의 이익을 위해 자치주권를 희생한다는 것은 결코 작은 일이 아닌데 이를 이끌어간다는 것은 매우 어려운 일이다. 유럽은 전후 공동체 설립 과정에서 로베르 슈만Robert Schuman 프랑스 외무장관, 콘래드 아데나워Konrad Adenauer 독일 총리, 알치데 데 가스페리Alcide de Gasperi 이탈리아 총리, 장 모네Jean Monnet 유럽석탄철강공동체 대표와 같은 비전과 추진력을 구비한 지도자들이 있었다. 현재 아세안에는 이를 이루어 낼 지도자가 없는

---

[108] "Only 8% of Thai enterprises prepared for Asean trade zone: Poll," *Pattaya Mail*, 2012. 9. 25.

것처럼 보인다. 물론 아세안은 이 문제에 접근하는 데 있어서 아직 아세안 방식으로 해결을 도모하고 있는 것으로 관찰된다.

특히 2015년 통합을 앞두고 브루나이의 2013년 의장국 역할 수행, 미얀마의 2014년 의장국 역할 수행 문제와 관련하여 과연 이 두 나라가 아세안의 통합에 필요한 조정과 협상을 이끌어갈 만한 능력이 있는지에 의구심이 제기되고 있다. 2012년 제 21차 아세안정상회의는 아세안 통합선언을 2012년 1월이 아니라 12월로 연기하고, 2012년 의장국인 말레이시아가 통합의 마지막 단계를 주재하도록 하였다.

남중국해 관련 인도네시아의 역할, 중국과 아세안 간 조정 역할을 맡은 태국의 역할, 최근 필리핀 정부와 남부의 이슬람 반군 간 평화협정을 이끌어 낸 말레이시아의 역할[109] 등 아세안 내 일부 회원국의 리더십은 주목된다. 특히 인도네시아는 외교 인력과 능력 및 기술·자원·영향력에 더불어 비동맹NAM 지도국으로서의 지위 등 영향력을 가진 나라이다. 인도네시아는 남중국해 도서 영유권 문제에서 어느 정도 떨어져 있고, 남중국해 문제로 인한 아세안의 내분이 확대되지 않도록 막후 중재 역할도 했으며, 중국 및 미국과도 좋은 양자 관계를 유지하고 있어 두 강대국 간 여러 가지 이해를 조율할 수 있는 위치에 있다. 실제로 과거 미국을 상대로 남중국해 문제에서 아세안의 중립적 위치를 유지하도록 리더십을 발휘한 적도 있다.[110]

---

[109] "M'sia prepared to help resolve problems in Asean: Anifa," *The Sun Daily Malaysia*, 2012. 10. 8.

[110] "Time for a new ASEAN way," *Asia Times*, 2012. 9. 11.

5. 맺는말

한 전문연구기구[111]의 아세안 통합 노력에 대한 중간보고서는 아세안이 세계경제의 불확실성에도 불구하고 통합에 낙관과 신념을 가지고 있으며, 아세안이 이행한 관세인하 조치를 대표적 성공사례로 평가하면서 아세안무역단일창구ASW 설립 및 운영 등 무역 원활화 노력도 가시적인 성과를 보여주고 있다고 긍정적으로 분석하고 있다. 이 보고서에 따르면 이 결과 아세안은 세계경제 침체 압력에 대체적으로 잘 대응했으며, 2007년부터 2011년 사이에 아세안 내로 유입된 FDI가 75% 증대했다고 밝혔다. 한편, 동 보고서는 아세안이 현재 진행되고 있는 통합 추진 동력을 이용하면서 원활화와 자유화 노력을 가속화하고, AEC 청사진이 제시한 정책조치와 통합관련 협정의 이행을 진척시킬 것을 권하고 있다.

---

[111] ERIA, *op. cit.*, pp. v-xi.

아세안은 앞에서 소개한 제반 도전에도 불구하고 통합 노력에서 관세철폐와 무역 원활화 등에서 가시적인 성과를 달성하고 있으며, 이 결과로 역내 무역과 투자가 증대하고 있는 것으로 분석되고 있다. 현재까지 준비상황은 75% 정도 수준이나 2015년 공동체 설립은 실현될 것으로 보인다. 다만, 정치체제·경제발전·문화·역사에서 차이와 다양성을 가진 회원국들이 AEC 청사진에서 약속한 정책 수단을 모두 다 이행한 다음에 완벽한 형태의 AEC 설립을 2015년에 선언하기에는 시간적으로 촉박한 것으로 보인다. 이런 점을 미루어 볼 때 아세안은 2015년 통합에서도 "합의 먼저, 대화는 나중에Agreement First, Talk After"[112]라는 아세안 방식을 택할 것으로 예상된다.

아세안이 2015년 공동체를 설립하게 되면 회원국들을 정치·경제·사회 및 문화 등 각 분야에서 서로 연결될 것이며, 특히 2015 경제공동체 설립은 아세안을 상품·서비스·투자·숙련노동자·자본의 자유로운 이동이 가능한 역동적인 생산기지로 전환시켜 줄 것이다. 아세안은 아시아의 주요 행위자로 부상하고 강대국들의 파트너로서 자신의 위상을 굳건히 할 것으로 보인다.

아세안은 우리에게 여러 면에서 중요한 지역이다.[113] 한국은 동아시아 국가 중 아세안과의 경제보완성이 가장 높아 아세안

---

[112] Sanchita Basu Das, *op. cit.*, p. 8 (Hadi Soesastro 재인용).
[113] 이재현, 앞의 글, 3~4쪽.

과 교역을 확대할 가능성이 가장 큰 것으로 분석되고 있다.[114] 우리 정부는 아세안 통합에 대비하여 아세안 상주 대표부 설립 등 제반 조치를 신속하게 취했다. 그리고 통합 단일시장에 효과적으로 진출하기 위해 베트남 등과 양허의 폭과 깊이가 넓고 깊은 수준의 양자 FTA 체결을 교섭 중에 있다. 우리 기업들도 AEC 통합에 대비하여 단일 시장 및 생산기지가 가져올 잠재력을 충분히 활용하는 방안을 철저히 연구해야 할 것이다. 그리고 우리 정부는 대아세안 외교를 한반도 주변 4대 강국과의 외교 수준으로 격상시켜 관리하여 통합아세안을 우리 외교의 지지세력화하면서 한편으로는 우리 기업의 대아세안 진출을 효과적으로 지원하는 중장기 전략을 마련해야 할 것이다.

---

[114] 정상화, 앞의 글, 21쪽.

제5장

메콩 지역협력 현황과 우리의 대응

양 봉 렬
광주과학기술원 대외부총장, 전 주말레이시아 대사

1. 들어가는 말

메콩 지역협력[115]은 1957년 유엔 주도로 설립된 메콩위원회Mekong Committee가 최초이나 냉전시대 동서대립의 영향으로 가시적인 협력이 실현되지는 못하였다. 실질적인 협력이 시작된 것은 냉전이 끝난 후인 1990년대부터이다. 즉, 1992년 아시아개발은행ADB이 주도하여 시작된 메콩지역개발사업GMS과 1995년 메콩강위원회MRC, 그 이듬해 아세안메콩유역개발협력사업AMBDC 등 다양한 형태의 지역협력 사업이 추진되어 왔다. 이와 같이 1990년대 이후 메콩 지역협력이 활발하게 전개된 이유는 크게 세 가지로 볼 수 있다.

가장 먼저 들 수 있는 것은 베트남 전쟁 등 분열과 갈등으로

---

[115] 이 글에서 메콩 지역협력은 국제하천인 메콩 강이 흐르는 동남아시아 5개국(태국·미얀마·캄보디아·라오스·베트남)을 포괄하는 지역협력을 지칭한다. 현재까지 알려진 바에 의하면 메콩 강은 중국 칭하이성(靑海省) 고원을 발원지로 하여 윈난성(雲南省) 등 중국 남부지역을 통과하지만 여기에서는 중국을 제외한 나머지 5개국만을 포괄하는 개념으로 사용한다.

점철된 인도차이나 지역의 정세가 1990년대 초 냉전이 종식된 후 상대적으로 안정되었고, 베트남·캄보디아·라오스 등 구舊공산권 국가들로서 저개발 상태에 있던 역내 국가들이 개혁·개방 정책을 채택함으로써 역내 개발을 위한 환경이 조성되었기 때문이다.

둘째 이유는 이 지역이 가지고 있는 자연조건의 특수성 때문이다. 메콩 강은 중국·미얀마·태국·라오스·캄보디아·베트남 등 6개국에 걸쳐 있으며, 총 연장거리가 4800km에 이르는 국제하천이다. 이 지역에는 목재·광물·수자원 등 천연자원이 풍부하고, 3억이 넘는 인구가 거주하고 있어 경제적 잠재력 또한 크다.

마지막으로 지정학적인 효과이다. 이 지역은 전통적으로 동서를 잇는 전략적 요충지로서 강대국 간 또는 역내 국가 간에 세력 다툼이 심한 지역이었고, 이러한 경쟁구도는 때에 따라 역내 국가 발전에 해가 되기도 하고 도움이 되기도 하였다. 현재는 중국·미국·일본 등 강대국 간 그리고 태국·베트남 등 역내 국가 간에 영향력 확대를 위한 경쟁이 활발하며, 이러한 경쟁구도가 지역발전에 긍정적인 영향을 미치고 있는 형국이다.

우리와 메콩 지역 간의 협력은 정부 차원에서 주로 ODA 제공을 통해 개별 국가별 또는 아세안 차원에서 추진되는 사업에 참여하는 형태를 취해 왔고, 2000년대에 들어서는 민간 분야의 진출이 활발해졌다. 2011년 11월에는 한·메콩 외무장관회담이 개최되어 한강선언이 채택됨으로써 처음으로 메콩 지역을 지역단위로 접근하는 공식적인 협의체가 시작되었다.

이 글에서는 이제 막 시작한 우리나라와 메콩 지역 간 지역협력을 향후 어떻게 추진해 나갈 것인가를 살펴보는 데 목적을 두고, 먼저 메콩 지역의 주요 지역협력 현황과 2000년대 들어 역동적인 경제발전을 이룩해 온 메콩 지역의 정치경제 정세를 살펴본다. 이어서 중국·일본·미국 등 역외 주요국들과 메콩 지역과의 협력 현황을 개괄한 다음, 마지막 장에서는 메콩 지역 발전의 미래를 조망하면서 우리의 대응 방안에 관하여 검토해 볼 것이다.

2. 메콩 지역의 주요 지역협력 현황

본 장에서는 메콩 지역 개발을 위한 다양한 협의체 가운데 중요도가 높은 5개의 협력체에 관하여 살펴보고자 한다. ADB가 주도하고 중국이 적극 참여하고 있는 GMS 프로그램, 수자원 개발 및 관리를 위한 MRC, 태국이 주도하는 에야와디-짜오프라야-메콩경제협력전략기구ACMECS, 아세안이 주도하는 아세안메콩유역개발협력사업AMBDC, 그리고 개발격차 해소를 위한 아세안통합이니셔티브IAI 등이 그것이다.

2.1. 메콩지역개발사업 GMS

1992년 ADB가 주도하여 시작된 GMS는 중국·태국·미얀마·베트남·캄보디아·라오스 등 6개 회원국이 참가하고 있으며, 매년 각료회의를 개최하고 매 3년마다 정상회의를 개최하고 있다. GMS는 비록 ADB에 의해 주도되었으나 회원국 각료회의가 주체가 되어 GMS 계획을 운영해 나가고, ADB는 사무국으로서 회원국과 지원국 간의 중개기능을 하고 있다. GMS 프로그램은 도로·철도 등 교통기반을 구축하고, 단계별로 물류환경을 개선하여 궁극적으로 교역과 민간 투자 촉진을 위한 경제권 구축을 지향하고 있다. 2010년 말까지 총 55개 프로젝트에 139억 달러ADB 50억 달러, 회원국 43억 달러, 협조융자 46억 달러 등가 투자되었는데, 이 중 핵심 사업은 남북과 동서 및 남부지역을 잇는 3대 경제회랑이다. 이들 공사는 대부분 완료되었으며, 3대 경제회랑 이외에 추가된 동북부·서북부·중부·동부·북부·남부 해안의 6개 경제회랑 건설이 진행 중이다.[116] 이 밖에도 역내 철도, 전력망 연결, 국경무역 및 투자 촉진 등의 협력 사업이 진행되고 있다.

2.2. 메콩강위원회 MRC

MRC는 1995년 메콩 지역 4개국인 태국·캄보디아·라오스·베트남이 참가하였고, 후에 중국과 미얀마가 대화상대국으로 참여하고 있는 정부 간 기구이다. MRC는 1957년 UN이 설립한 메콩위원회와 임시메콩위원회, 메콩사무국을 통합한 국제기구로 메콩위원회가 설립된 시기를 감안한다면 역내에서 가장 오래된 협의체라고 볼 수 있다.

---

[116] 김태윤 외, 〈메콩지역 개발 전략: 태국, 캄보디아, 라오스〉, 서울: 대외경제정책연구원, 2012, 20~21쪽.

MRC는 각료급으로 구성된 이사회와 집행기구인 공동위원회 및 사무국캄보디아 프놈펜과 라오스 비엔티엔에 나뉘어 있음으로 구성되어 있고, 정상회의는 2010년 4월 태국 후아인에서 처음 개최된 이후 매 4년마다 개최될 예정이다. MRC는 개별 프로젝트보다는 종합적인 수자원관리·환경보전·정보교환에 주력하고 있고, 기금은 4개 회원국 및 유럽·미국·한국·일본·호주 등과 ADB 및 세계은행 등의 개발은행, 그리고 유엔아시아태평양경제사회위원회UNESCAP, 유엔개발계획UNDP과 같은 국제기구가 지원하고 있으며 2010년 경우 약 1700만 달러였다.[117]

2.3. 에야와디-짜오프라야-메콩경제협력전략기구ACMECS

ACMECS는 2003년 4월 아세안특별정상회의에서 탁신 태국 총리가 제안하고, 그해 11월 미얀마 바간에서 개최된 제1차 정상회의에서 바간선언Bagan Declaration을 채택함으로써 시작되었다. ACMECS는 메콩 지역 자체의 이니셔티브라는 점에서 의의가 크다. 처음에는 태국·캄보디아·라오스·미얀마가 참가하였고, 추후에 베트남이 추가되었다. 정상회담은 2년에 1번, 장관급 회담은 매년 개최되고 있으며, 회원국 간 개발격차 축소와 메콩 유역의 지속가능한 발전을 추구하는 목적을 가지고 있다. 이는 GMS 프로그램과 아세안경제공동체 구상을 보완하는 의미도

---

[117] 위의 책, 25~26쪽.

있다. 1980년대 말 "인도차이나를 전장에서 시장으로 전환시킨다"라는 표어를 내걸고 자국을 중심으로 하는 광역경제권 구축에 착수한 태국은 ADB와 협력하여 GMS 계획의 성사에 큰 역할을 한 데 이어 ACMECS를 주도함으로써 메콩 역내에서의 리더십 확보를 도모하였다. 이는 태국이 6개의 아세안 선발회원국 중 아세안 차원에서 추진하는 아세안통합이니셔티브로, 내부계획에 대한 지원은 가장 낮으나 48만 902달러 외부계획 기여도는 1위 1억 35만 8255달러인 점을 보면 그 중요성이 분명해진다.[118]

2.4. 아세안메콩유역개발협력사업 AMBDC

AMBDC는 1995년 12월에 개최된 제5차 방콕 아세안정상회담에서 마하티르 말레이시아 수상의 제안으로 설립된 협의체로 CLMV 경제발전을 지원함으로써 역내 개발격차를 줄이고 나아가 역내 경제통합의 가속화를 목표로 한다. 참여국은 아세안 10개국과 중국이다. 가장 획기적인 사업은 말레이시아가 제안한 범아시아철도프로젝트 Singapore-Kunming Rail Link, SKRL 또는 Pan-Asia Railway Project 이다. 이 프로젝트는 제안을 한 말레이시아가 주도하였으나, 재원이 부족하여 공사가 더디게 진행되고 있는 실정이다.

---

[118] 위의 책, 61쪽.

2.5. 아세안통합이니셔티브 IAI

IAI는 2000년 개최된 제4차 아세안 비공식 정상회의에서 고촉통 싱가포르 총리의 제안으로 발족되었는데, 이 역시 CLMV와의 개발격차 해소와 이를 통한 아세안 전체의 경쟁력 향상을 목표로 하고 있다. 성공적으로 완료된 2002~2008년 제1차 사업계획을 보면 총 134개 프로그램 및 프로젝트가 완료되었고, ASEAN 6가 1억 9100만 달러, 대화상대국·개발기구 및 기타 파트너가 2000만 달러의 자금을 지원하였다.[119] 싱가포르가 이를 제안한 것은 자국이 강점을 가진 정보기술과 교육 분야를 지렛대로 활용하여 역내에서 영향력을 유지하려는 목적도 있는 것으로 관찰된다.[120]

---

[119] 위의 책, 34~35쪽.

[120] Hidetaka Yoshimatsu, 'The Mekong Region, Regional Integration, and Political Rivalry among ASEAN, China and Japan', *Asian Perspective*, Vol. 34, No. 3, 2010, p. 81.

3. 메콩 지역의 정치·경제 정세

메콩 지역 개발은 상호의존 관계의 강화를 통해 지역정세를 안정시키고, 역내 국가를 포함한 동남아 국가들을 아세안의 틀에 통합시키고자 하는 데 그 목적이 있다. 하지만 역내 국가 간 갈등과 경쟁이 존재하는 것도 사실이다. 태국과 캄보디아 간 국경분쟁이 계속되고 있는 등 민족주의로 인한 국경분쟁은 여전하며, 경제 분야에서의 경쟁과 역내 강국인 태국과 베트남 간의 주도권 경쟁도 나타나고 있다. 즉, 누가 경제협력의 주도권을 갖느냐 또는 누가 광역경제권의 중핵을 담당하느냐 등의 문제를 둘러싼 경쟁이 가속화되고 있는 것이다. 역내 국가 중에서는 태국이 눈부신 경제발전을 배경으로 1980년대 말 이래 메콩 지역협력에 가장 적극적인 자세를 나타냈다. 즉, GMS 계획에 적극 참가하고 일본의 FCDI[121]에도 협력적이었으며, 앞에

---

[121] 1993년 1월 미야자와 일본 총리가 제안한 인도차이나종합개발포럼(Forum for the Comprehensive Development of Indochina)으로 1995년에 24개국과 7개

서 살펴본 바와 같이 2003년에는 ACMECS 창설을 주도하였다. 이러한 태국의 전략은 ADB·중국·일본 등과 평행적으로 협력하는 가운데 중심적 위치를 차지하면서, 특히 인접국인 미얀마·라오스·캄보디아에 집중적인 지원을 하여 경제적 이득과 함께 영향력을 유지하려는 의도가 있는 것으로 평가되고 있다.[122]

베트남 역시 1990년 초까지 특수한 관계에 있었던 캄보디아·라오스에 영향력을 유지하기 위해 노력해 왔다. 1998년 아세안정상회의에서 동서회랑 개발을 제안하였는데, 이는 베트남 중부, 라오스 중남부, 캄보디아 동북부 등 저개발지역을 개발함과 아울러 지역정세에서 베트남의 발언권을 높이려는 의도도 있었다.[123] 이 밖에도 베트남은 캄보디아-라오스-베트남 삼각개발CLV Triangular Development도 제의하여 캄보디아와 라오스에 대한 특별한 관계를 강조하였다. 이 개발 제의는 베트남의 3성, 라오스의 2현, 캄보디아의 3주로 구성된 지역에 개발 삼각지대를 만드는 데 목적이 있었으며 1999년 하반기에 이를 위한 3국 정상회의가 개최되었다. 캄보디아는 메콩 수자원 개발에 지대한 이해관계를 가지고 있으며, 이를 활용하여 경제발전을 이룸과 동시에 지역 정치경제에 발언권을 행사하고자 도모해 왔다.

국제기구가 참가한 장관급회의를 개최하여 메콩지역의 균형된 발전에 관한 정보 교환 및 개발 프로젝트 담당공무원 능력 강화 등을 논의했다. 하지만 일본이 추진한 협력 분야가 GMS와 중첩된다는 등의 이유로 성공하지 못하고 중단되었다.

122 2005년 11월 일본 아시아경제연구소가 발간한 〈메콩지역개발〉 (小笠原高雪 저)을 외교통상부에서 비공식 번역한 문건에서 인용.

123 위의 글.

특히, 캄보디아가 2010년에 메콩강위원회 상설사무국을 프놈펜에 유치한 것은 메콩 수자원 개발에 대한 주도권을 확보하려는 의도를 보여준 것이다.

라오스 또한 메콩 수자원 개발이 자국의 경제발전에 필수적이기 때문에 메콩강위원회에 적극 참여하고 있으며, 또한 수력개발에 자율을 지키기 위해 노력하면서 관련국들과의 협조와 경쟁을 조정하기 위해 다자주의와 균형전략을 펼치고 있다.

중국에 있어 메콩 지역과의 긴밀한 관계는 국경을 접하는 지역으로서 미국을 대체하여 동남아에서 영향력을 공고히 하고, 동아시아에서의 리더십 잠재력을 과시하면서 인도양으로의 통로를 확보하는 등 지정학적 목표를 달성하는 데 있어서 필수불가결한 요소이다. 이를 위해 중국은 상대적으로 낙후된 중국 남부지역과 메콩 지역을 한데 묶어 상호 '윈-윈'하는 경제발전을 목표로 메콩 지역의 운송, 에너지 분야 등 기간시설을 확충하고 교역과 투자를 증진시키는 데 주력해 왔다. 중국에 앞서 메콩 지역과 협력해 온 일본은 초기에는 개도국 협력 차원에서 자국 기업의 진출을 지원하는 데 주력하였으나, 2000년대에 들어 중국의 영향력 확대를 견제하려는 의도에서 정상회의, 외교장관회의 등을 정례화하여 협력을 확대해 오고 있다. 2009년에 출범한 오바마 미 정부 또한 동아시아에서 커지는 중국의 영향력에 대응하여 그동안 상대적으로 등한시해 오던 동아시아 지역에 정책적 우선순위를 두고 대 아시아정책을 강화하는 방안의 일환으로 LMI_{Lower Mekong Initiative}을 주도해 왔다. 메콩 지역에서 벌어지는 이와 같은 주요 강대국들의 상호 견제와 협력 현황은 다음 장에서 상세히 살펴보기로 하고, 이 장에서는 이 지역의 경제발전 현황을 우선 들여다보기로 한다.

경제발전 현황을 살펴보는 데 있어 중국이 포괄적인 의미에서는 메콩 유역국 가운데 하나이나 그 규모가 다른 유역국들을 압도하기 때문에 GMS 5태국·베트남·캄보디아·라오스·미얀마를 중심으로 살펴보도록 하겠다.

GMS 5의 경제는 1997년 아시아 금융위기와 2008년 세계 경제위기를 제외하고는 지속적으로 견실한 성장세를 시현해 오고 있다. 즉 아시아 금융위기 전인 1993~96년 동안 평균 성장률 8.1%로 고속 성장하였으나, 2000~08년에는 이보다 다소 낮아진 평균 6.1% 성장률을 보였다. 2008년 세계경제위기를 맞아 2009년도에는 0.6% 성장에 그쳤으나, 2010년에 7.3% 성장함으로써 V자형의 급속한 경제회복을 보였다.

이와 같은 지속적인 경제성장은 교역과 투자 증진을 통한 세계경제와의 통합이 증진된 데 따른 것이다. 상품과 서비스 교역이 GDP에서 차지하는 비율로 평가하는 개방성을 볼 때 미얀마를 제외하고는 모두 상승하여 왔다. 즉, 캄보디아의 경우 1993년에 48.7%에 불과하던 개방성이 2009년에는 122.3%가 되었고, 라오스의 경우 52.6%에서 71.1%2010년로 상승하였다. 태국은 80.2%에서 135.2%2010년로, 그리고 베트남의 경우에는 66.2%에서 153.3%2010년로 각각 상승하였다. 그러나 미얀마 경우는 3.4%에서 0.3%2004년로 오히려 감소함으로써 미얀마경제의 폐쇄성을 보여주고 있다.[124] 하지만 2011년에 미얀마정부가 과감한 개혁개방 정책을 추진함으로써 앞으로 미얀마 경제 또한 개방성이 대폭 확대될 것으로 전망된다.

GMS 5의 교역 증가 추세를 살펴보면 2000~2009년간 수출은 연평균 10.9% 증가하여 2009년에는 2217억 달러를 기록하였고, 수입은 11.4% 증가하여 2162억 달러를 기록하였다.

그렇다면 2000년에서 2009년 사이 교역 대상지역의 변화 추세는 어떠한가?

첫째, GMS 5와 중국과의 교역이 가장 빠르게 증가하였는데, 수출이 21.4%, 수입이 23.4%를 기록하여 중국으로부터의 수입 증가가 더 빨랐다. 이에 따라 중국으로의 수출과 수입이 차지하는 비중도 대폭 증가하여, 6.3%에서 14.0%로, 6.6%에서 16.6%로 각각 증가하였다.

둘째, 메콩 역내국 간 교역도 2000년 29억 달러에서 2009년 141억 달러로 대폭 증가되었다.

셋째, 중국과의 역내교역이 증가함에 따라 여타 국가, 특히 일본과 미국과의 교역이 차지하는 비중이 상대적으로 감소되었다. 즉, 1998년과 2008년 수치를 보면 일본은 14.1%에서 12.4%로, 미국은 20.1%에서 10.6%로 각각 감소하였다.

경제발전의 또 다른 원동력인 외국인투자도 2000년대에 급

---

[124] Utsav Kumar and Pradeep Srivastava, 'Growth in the Greater Mekong Sub-region in 2000-2010 and Prospects', Conference on *GMS 2020: Balancing Economic Growth and Environmental Sustainability*, 2012, p. 9.

격한 증가를 보였다. 2010년도까지 GMS 5에 유입된 외국인투자 누적액은 2092억 달러로 1990년 102억 달러에 비해 무려 20배가 증가하였다. 캄보디아가 1993년 대비 47.7배 증가한 59억 6000만 달러, 라오스가 36.5배 증가한 21억 달러, 태국이 9배 증가한 1272억 6000만 달러, 베트남이 19배 증가한 656억 3000만 달러, 그리고 미얀마가 10.9배 증가한 83억 달러를 각각 기록하였다. 이는 같은 기간 동안 중국에 유입된 외국인직접투자 증가율인 9.1배 5788억 2000만 달러를 넘어서는 기록이다.

    2000~04년과 2005~08년을 비교해 보면, GMS 5가 1.1%에서 2.1%로, 중국이 1.4%에서 2.9%로 각각 증가한 반면, 미국·일본을 포함한 기타 지역이 77.8%에서 75.8%로, ASEAN 5가 19.7%에서 19.2%로 각각 감소하였다.

4. 강대국들의 진출과 상호 견제

4.1. 중국의 적극적인 진출

중국은 메콩 지역에 지대한 전략적, 그리고 경제적 이해관계를 가지고 있다. 메콩 유역은 중국이 동남아에서 영향력을 확대할 수 있는 최상의 대상 지역이며, 육상으로 인도양에 직접 진출할 수 있는 통로를 제공해 줌으로써 60%이상의 에너지자원을 수송하는 통로이자 전략적으로 취약한 말라카 해협을 대체할 수 있는 전략적 요충지이다. 또한, 메콩 지역은 중국이 필요로 하는 풍부한 천연자원을 보유하고 있고, 중국 남부의 저개발지역인 윈난성과 긴 국경선을 맞대고 있어 양 지역의 경제개발을 연계하는 전략을 추진하는 데 안성맞춤이다. 중국의 메콩 지역 진출은 주로 메콩지역개발사업GMS을 통해서였다. 이 사업이 시작된 초기에는 이 지역과 국경을 맞대고 있어 경제적 이해관계가 큰 윈난성이 지역정부 차원에서 참가하였고, 중앙정부의 개입은 제한적이었다. 이러한 소극적인 중국정부의 입장은 1996년 윈난성에서 개최된 GMS 각료회의에 부총리가 처음으로 참석함으로써 적극적인 자세로 변화되었다. 2002년 캄보디아에서 개최된 제1차 GMS 정상회의에 주룽지 총리가 참석하여 재정지원을 포함하는 포괄적인 계획을 제안하면서 역내 운송 인프라·에너지·관광 등 분야 개발을 주도하였다.[125] 이어 2005년에 ADB 내에 '지역협력 및 빈곤퇴치펀드Regional Cooperation and Poverty Reduction Fund'를 개설하고 2000만 달러를 지원하였다. 이는 중국정부가 국제기구에 기부하여 만든 최초의 펀드였고, 개도국이 ADB 내에 만든 최초의 펀드였으며, 중앙아시아 지역협력개발계획과 더불어 GMS 회원국에 이 펀드의 지원 우선권이 주어졌다. 쿤밍昆明에서 제2차 정상회의를 주최한 중국은 인프라 건설, 교역투자 확대, 농업개발협력 등 7개 분야를 주요 협력 대상으로 제시한 뒤에 이 회의에서 채택된 쿤밍선언에 이를 반영하였다. 또한, 이 회의에서 광시廣西자치구를 GMS에 포함시키기로 합의하였는데 이는 남부 지역과 메콩 지역개발을 함께 묶어 단일 지역으로 개발하고자 하는 중국의 정책을 반영한 것이었다.

중국의 메콩 지역협력은 교통망 연결, 에너지 및 교역투자 증진 등 3개 분야에 집중되었다.

첫째, 중국의 동남아 경제 진출 전략으로 자주 회자되는

---

[125] Hidetaka Yoshimatsu, *op. cit.*, p. 89.

"One Axis, Two Wings"[126] 중 하나가 GMS이며, 이 중 핵심 사업이 남북 경제회랑 도로 연결이다. 이 사업의 중심은 윈난성 쿤밍으로, 서부노선은 쿤밍-라오스-태국으로 연결되고, 중부노선은 쿤밍-하노이-하이퐁이며, 동부노선은 쿤밍-난닝南寧-하노이 연결도로이다. 이 3개 라인은 이미 개통되었거나, 수년 내에 개통될 예정이다. 북부노선도 있는데 쿤밍-다리大理-루이리瑞麗-미얀마를 연결하는 도로로 마스터플랜이 성안 중이다.[127]

철도 연결 사업은 도로 연결 사업에 비해 진척이 느린데, 중국철도네트워크 중장기계획에 포함된 3개 노선으로 추진되고 있다. 동부노선은 위시玉溪-멍쯔蒙自-허커우河口, 중부노선은 쿤밍-위시-모한, 서부노선은 쿤밍-광통廣通-다리-루이리를 연결한다. 여기에 난닝-하노이 노선도 추진되고 있다. 중국은 또한 철도연결사업 실현을 위해 캄보디아·라오스·마얀마 등에서 자국 부담으로 타당성 조사를 완료하였다.

다음은 에너지 분야이다. 중국과 메콩 지역의 에너지 협력은 수출과 수입을 동시에 하는 양방향 거래이다. 2004년 중국은 최초로 베트남에 전력을 수출한 이래 현재 베트남 북부 8개 주에 전력을 송출하고 있다. 또한 남중국전력공사China Southern Power Grid는 2009년 말부터 라오스 북부 4개주에 전

---

[126] 'One Axis'는 쿤밍-싱가포르 연결 교통대동맥 구축계획을 의미하며, 'Two Wings'는 GMS와 범북부만(통킹 만) 개발계획을 의미한다.
[127] 2011년 12월 16일자 중국정부 공식포털사이트(GOV.cn) 자료 'Country Report on China's Participation in Greater Mekong Subregion Cooperation' 참고.

력을 송출하고 있다. 반면 2008년 10월 이래 미얀마의 2개 수력발전소Shweli River Hydropower 및 Dapein Hydropower로부터 전력을 수입하고 있다. 미얀마와 추진 중인 몽톤 수력발전소Mong Ton Hydropower 건설 등 이라와디에야와디 강 프로젝트는 현지주민 반대 등으로 인한 미얀마 측의 요청으로 중단된 상태이다.

셋째, 교역과 투자증진을 위해 중국은 과감한 국경무역 개방조치와 함께 투자증진 정책을 취하였다. 중국 정부는 1984년 윈난성 내 27개 국경지역을 주변국과의 무역 거점으로 허용하였고, 1992년 이래 성내에 5개의 국가단위 및 12개의 성 단위 국경무역 거점을 지정하였다. 또한 광시장족자치구와 메콩 유역과의 경제적 연계성을 높이기 위해 중국-아세안 엑스포 및 중국-아세안 기업 및 투자 서미트CABIS를 2004년부터 매년 난닝에서 개최하고 있다. 또한 2003년에는 동남아에서 투자를 유치하기 위하여 난닝에 중국-아세안 경제지역China-ASEAN Economic Zone을 설정하였다.[128]

중국의 대 메콩지역 투자 증진은 2000년 10월에 발표한 "go global policy"와 맥을 같이하였다. 중국정부가 이러한 정책을 취한 이유는 WTO 가입 후 빈번히 발생하는 무역 분쟁을 피하기 위해 동남아로 생산기지를 옮길 필요가 있었고, 또한 국내기업의 국제경쟁력을 제고하기 위해서였다.

GMS 차원에서 중국과 메콩지역 간 교역과 투자를 획기적

---

[128] Hidetaka Yoshimatsu, op. cit., p. 94.

으로 증진시키는 모멘텀이 된 것은 2008년 3월 3차 GMS 정상회의에서 원자바오 총리가 제안한 GMS 경제회랑포럼Economic Corridor Forum이었다. 그해 쿤밍에서 개최된 첫 번째 회의에서 'GMS 경제회랑포럼의 기능범위와 남북경제회랑을 위한 전략적 행동계획'이 채택됨으로써 운송 분야로부터 무역과 투자 분야로 협력을 확대하는 제도적 기반이 조성되었다. 중국은 이어 2009년과 2010년에 GMS 경제회랑주간Economic Corridor Week과 GMS 투자 및 프로젝트 프로모션 컨퍼런스를 개최하였다.[129]

또한 중국은 'GMS 무역 및 투자 용이화를 위한 전략적 행동 프레임워크' 이행에 앞장서서, 세관검사 효율성을 높이기 위해 24시간 세관검사 예약서비스를 포함한 여섯 가지의 용이화 조치를 취하고, 정보플랫폼을 설치하였다. GMS 지역 기업인들의 왕래를 쉽게 하기 위해 비자발급요건과 절차를 간소화하고 윈난성과 광시자치구의 국경포트에 출입국사무소를 설치하였다.

그러면 중국과 메콩 지역국 간의 2010년도 교역 및 2010년 말까지의 투자 현황을 살펴보자.

먼저 캄보디아와의 교역은 14.4억 달러로서 2008년 대비 27.7%가 증가하였다. 중국의 대캄보디아 수출은 13.5억 달러를 기록하였고, 주요 수출품은 섬유·전기기기·첨단제품·의류 및 철강제 등이 차지했다. 반면 캄보디아의 대중국 수출품은 고무·의류·목재 및 농산품이 대부분을 차지했다. 2010년 말까지

---

[129] 'Country Report on China's Participation in Greater Mekong Subregion Co-operation' 참고.

캄보디아의 대중국 투자는 1.2억 달러인 반면, 중국의 대캄보디아 투자는 11.3억 달러에 이르렀다. 또한 양국 기업 간에 공동투자로 시하눅빌 특별경제지역SSEZ이 설치되어 경공업·섬유·의류·기계류 등 기업을 유치해 오고 있다.

라오스와의 교역투자관계를 보면, 2008년 대비 150%가 증가한 10억 5000만 달러에 달하였다. 중국의 대라오스 수출은 4억 8000만 달러인데 비해 수입은 5억 7000만 달러로 중국이 무역적자를 기록하였다. 주요 교역품목은 중국은 전자기계류·섬유·의류·자동차 및 오토바이 등을 수출하고, 동광·농산품·목재·고무 등을 수입하였다. 2010년 말까지 라오스는 중국에 3700만 달러를 투자한 데 비해 중국은 라오스에 8억 5000만 달러를 투자했다.

미얀마와의 교역투자관계도 급격히 증가하였다. 2010년도 양국 간 교역은 2008년 대비 68.8%가 증가한 44억 4000만 달러였으며, 중국의 대미얀마 수출이 34억 8000만 달러, 수입이 9억 6000만 달러였다. 중국의 대미얀마 주요수출품은 섬유·첨단제품·철강·오토바이·자동차 등이며, 주요 수입품은 농산물과 목재통나무 등이다. 중국의 대미얀마 투자는 2010년 말 현재 19억 5000만 달러에 이르렀다.

태국과 중국 간의 교역은 2008년 대비 28.4% 증가한 총 520억 9500만 달러에 이르러 태국은 이 지역에서 중국의 최대 교역국이다. 중국의 주요 수출품은 전자기계류·첨단제품·섬유 그리고 농산품 등이며, 수입품은 전자기계류·첨단제품·천연고무·농산품 등이다. 중국의 대태국 투자는 2010년 말 현재 10억 8000만 달러였고, 태국의 대중국 투자는 32억 9000만 달러에 이르렀다. 중국과 태국 기업이 공동으로 투자하여 설치된 라용 공업단지에는 2011년 8월까지 34개 업체가 입주하였다.

마지막으로 중국과 베트남 간의 교역 및 투자현황을 살펴보자. 교역의 경우 2008년 대비 54.6%가 증가한 300억 9000만 달러였고, 중국의 대베트남 수출이 231억 1000만 달러, 수입이 69억 8000만 달러였다. 중국의 주요 수출품은 전자기기·섬유·첨단 제품·철강 그리고 농산물 등이며, 수입품은 전자기기·석탄·농산물·섬유·원유 그리고 천연고무 등이다. 2010년 말 현재 베트남이 중국에 1억 2000만 달러를 투자한 반면, 중국은 베트남에 9억 9000만 달러를 투자하였다. 중국기업이 투자한 롱지양 공업단지에는 11개 기업이 2011년 8월 말 현재 입주하였다.[130]

교역과 투자 이외에도 중국과 메콩 지역국 간에는 IT·농업·환경·보건·관광·인적자원개발 등 분야에서의 협력이 증진되고 있다. 예를 들면, GMS 정보고속도로 Information Highway 사업, 농업기술 및 동물전염병 예방분야 협력, GMS 생물다양성 사업 Bio-diversity Corridor Initiative, 에이즈, 말라리아, 뎅기열, 폐렴 등 예방분야 협력 등이 추진되고 있다.

---

[130] 'Country Report on China's Participation in Greater Mekong Subregion Co-operation' 참고.

4.2. 일본의 진출과 중국의 영향력 확대에 대한 견제

1990년대 초에 시작된 일본의 메콩 지역국과의 협력은 초기에는 동지역에 대한 개발협력과 일본기업 진출 지원 및 시장 확보 등의 차원에서 외무성과 경제산업성이 각자 독자적으로 추진하는 형태를 취하였다. 외무성의 경우 1993년 미야자와 총리가 제안한 인도차이나 종합개발포럼FCDI을 축으로 개발협력을 추진하였고, 경제산업성은 일본-아세안경제산업협력위원회AMEICC를 중심으로 주로 CLMV 산업협력, 산업경쟁력 강화 등 소프트웨어 분야를 지원하는 데 치중하였다.[131]

그러나 2000년대에 들어 일본은 메콩 지역에 대한 중국의 영향력이 급격히 증대하는 것을 견제한다는 지정학적인 전략을 세우고, 이를 우선시하는 방향으로 정책을 전환하였다. 2004년에 당시 고이즈미 총리는 CLV와 최초로 총리회담을 개최하였고, 2007년 1월에 개최된 일-CLV 외교장관회담에서 일본은 일본-메콩유역 파트너십 프로그램을 제안하였는데, 여기에는 3대 기본원칙과 3대 신공약이 포함되었다.[132] 이어 2008년 1월 도쿄에서 처음으로 일·메콩 외교장관회담을 개최하고, 동서경제회랑과 2차 동서경제회랑 건설 프로젝트에 합의하였다. 이는 일

---

[131] Hidetaka Yoshimatsu, op. cit., p. 96.
[132] 3대 기본원칙은 ① 지역경제 통합과 연결 증진 ② 교역·투자 확대 및 가치 공유 ③ 역내 공동문제에 대한 관여이며, 3대 신공약은 ① 4000만 달러의 ODA 공여 (이 중 2000만 달러는 CLV 삼각개발에 할당) ② 캄보디아 및 라오스와 투자협정 체결 ③ 일본-메콩 유역국 간 외교장관회담 개최 등이다.

본이 중국의 남북경제회랑 지원에 대응하여 동서 간의 수평적 경제회랑을 건설하는 전략을 채택함으로써 중국의 영향력 확대를 견제하려는 의도를 보여준 것이다.[133] 제2 동서경제회랑을 연장하여 방콕에서 인도의 동쪽 해안까지 연결하려는 동아시아 산업회랑East Asia Industrial Corridor건설을 지지하는 일본의 태도에서도 이와 같은 전략이 분명하게 드러난다.

2009년 11월 도쿄에서 처음으로 개최된 일·메콩 정상회의 결과로 나온 도쿄선언은 지구온난화 대책과 개발격차 해소를 위한 다양한 계획을 포함하고 있고, 이를 구체화하기 위한 방안으로 '일·메콩 행동계획 63'을 담고 있다. 또한 일본정부는 2010~12년 동안 5000억 엔의 ODA 공여를 발표하였다. 2012년 4월에 도쿄에서 개최된 정상회의에서도 일본은 2013~15년 동안 6000억 엔을 ODA로 제공하여, 항만·도로·발전소·고속철도 등 57개 사업을 지원하기로 하였다. 일본과 메콩 지역 5개국 간에는 매년 정상회담을 개최하는데, 3년에 한 번은 도쿄에서 개최하고 있다.[134]

한편 일본은 중국과의 차별화를 위하여 메콩 지역과의 협력을 위한 3대 원칙으로 '규범적 가치normative values'를 천명하였다. 즉 민주주의, 법의 지배와 같은 보편적 가치를 협력 원칙에 표명함으로써 중국과 차별화한 것이다.

---

[133] Hidetaka Yoshimatsu, op. cit., p. 99.
[134] '대메콩지역외교강화방안'(대외경제정책연구원, 2011년 3월) 65쪽 참고.

일본과 동남아의 교역 관계 변화를 살펴보면 일본의 이와 같은 지정학적 고려를 우선하는 정책 전환을 쉽게 알 수 있다. 1997년에 대아세안 교역(1130억 달러)은 중국과 아세안 간 교역 규모의 5배였으나, 일본은 성장세가 점차 감소한 반면 중국은 매년 크게 증가함으로써 10년 후인 2007년에는 거의 비슷한 교역 규모를 기록하였고 그 이후 중국은 부동의 최대 아세안 교역 상대국이 되었다. 이와 같이 2000년대에 들어 메콩 지역에서 일본의 경제활동이 약화된 데 반해 정상회담, 외교장관회담 등 정부 차원의 교류협력이 강화된 점을 보면 일본정부가 지정학적 입장에서 중국의 이 지역에 대한 영향력 확대를 견제하는 데 정책적인 우선순위를 두었음이 명백하다.

이와 함께 일본정부는 일·메콩정상회의 결과문서에 UN 개혁 및 안보리 상임이사국 진출, EAS 차원의 동아시아 통합 등 자국의 외교목표에 대한 메콩 지역국들의 지지를 포함함으로써 중국과는 다른 접근을 보여주고 있다.

4.3. 미국의 메콩지역에서의 중국 견제와 협력

2009년에 등장한 오바마 정부는 동아시아에서 나타나는 중국의 급격한 영향력 확대에 대응하기 위하여 이 지역과의 관계 강화를 주요 외교목표로 설정하고 적극적으로 관여하여 왔는데 대 메콩 지역에 대한 관심도 이러한 맥락에서 펼쳐졌다. 즉 오바마 정부의 대 동아시아정책은 세 가지 특징을 보이고 있는

데, 그중 하나가 메콩 지역국과의 관계 강화이다.[135] 클린턴 미 국무장관은 2009년 7월 역사상 최초로 미·메콩 하류지역 외교장관회담LMI을 개최하고, 연이어 개최된 2010년 7월 제2차 하노이회의에서 주요 사업 분야로 환경·보건·교육 등을 선정하였다. 이는 통상과 인프라 건설에 중점을 두고 있는 중국과 차별화하여 개발에 따른 환경 악화 등에 대한 지역주민의 우려와 불만을 고려한 것으로 중국의 접근방법이 하향식Top-Down이라면 미국은 일반 대중을 겨냥하는 상향식Bottom-Up이라고 할 수 있겠다.[136] 이어서 매년 외교장관회담을 개최하고 있는데, 특히 2011년 7월에 개최된 회의에는 미얀마를 옵저버로 초청하였고, 한국·일본·호주·뉴질랜드·EU·ADB·세계은행 등을 초청하여 메콩 우호국 외교장관회담을 개최하였는데 여기에 중국은 제외되었다. 2011년 11월에 클린턴 장관이 50년 만에 처음으로 미얀마를 방문한데 이어 2012년 11월에 오바마 대통령이 역사상 처음으로 미얀마를 방문함으로써 앞으로 메콩 지역에서 미국과 중국의 경쟁이 더욱더 치열해질 것으로 예상된다.

LMI하에서 진행되고 있는 주요 협력사업 내용을 살펴보

---

[135] 오바마 행정부의 대동아시아 정책의 세 가지 특징은 첫째, 동남아 지역의 안보 불안과 관련해 동남아국과의 군사협력 강화를 통해 적극 개입하고, 둘째, 메콩 유역과의 협력을 강화하는 한편, 셋째 TPP(Trans-Pacific Partnership)을 통해 중국·아세안 자유무역협정에 대응하고 있다는 점이다. 자세한 내용은 〈중국의 부상과 동남아의 대응〉(이선진 외, 동북아역사재단, 2011) 72~75쪽 참고.
[136] 이선진, '중국의 대동남아 전략: 현황과 전망', 〈중국의 부상과 동남아의 대응: 대사들의 진단〉, 서울: 동북아역사재단, 2011, 74쪽.

면,[137] 2010년의 경우 미국은 약 1억 4000만 달러를 보건 분야에 지원하여 이 분야에서 가장 지원을 많이 하는 국가이다. 또한 메콩기후이니셔티브MCI를 제안하여 메콩 지역국들의 기후변화에 대한 대응 능력을 증진시키는 데 주력하고 있다. 메콩 강과 미시시피 강 간 자매결연을 통하여 통합수자원 경영, 기후변화 적응, 지속가능한 강 인근 유역 개발 등을 추진하고 있다. 이 밖에도 장학프로그램을 통해 500명 이상의 학생 및 학자 교류 지원, 그리고 기초교육과 인터넷 지원 등 교육 분야 지원도 실시하고 있다.

---

[137] 대외경제정책연구원, 앞의 글, 85~86쪽 참고.

5. 메콩 지역의 미래와 우리의 대응

5.1. 메콩 지역의 미래 전망

메콩 지역이 앞으로 지역 협력을 강화해 나가면서 정치·경제적으로 발전해 나갈 수 있는지에 대한 전망은 전반적인 국제 정치·경제 정세와 내부적 여건을 감안할 때 빛과 그림자를 동시에 가지고 있다고 평가된다.

 긍정적인 요인으로는 첫째, 2000년대 고도성장의 환경적 여건을 제공한 국제정치적 여건이 계속될 것이라는 점이다. 즉 메콩 유역의 발전에 긍정적인 영향을 미치고 있는 중국·일본·미국 등 강대국들 간의 영향력 확대 경쟁이 앞으로도 지속될 것으로 예측되고 있다. 중국이 이 지역에 가지고 있는 지대한 정치경제적 이해관계를 감안할 때 지금까지와 같이 집중적인 지원이 계속될 것이며, 중국의 영향력 확대를 견제하기 위한 미국의 지원 또한 확대될 것으로 전망된다. 특히 최근 미국의 대미얀마

관계 개선, 베트남·필리핀과의 군사협력 등을 보면 이러한 지정학적 경쟁구도의 미래를 예측할 수 있다고 하겠다. 다만 메콩 지역국들이 이들 간의 경쟁구도가 지역발전에 긍정적인 영향을 미칠 수 있도록 아세안 등 지역협력체를 통해 양측 간에 균형을 유지하는 데 힘써야 할 것이다. 2012년 7월 프놈펜에서 개최된 제45차 아세안외교장관회의에서 남중국해 영토분쟁 문제로 중국 편을 든 개최국 캄보디아와 이에 반대한 필리핀·베트남 간의 갈등으로 역사상 최초로 공동성명이 발표되지 못하게 됨으로써 아세안의 효용성 논란이 재연된 점은 시사하는 바가 크다고 할 수 있다.

둘째, GMS 등 지역개발을 위한 협력이 더욱더 강화될 것으로 전망된다. GMS는 그동안의 하드웨어 개발에서 소프트웨어 개발로 전략을 전환하고 있으며, MRC 또한 수자원의 합리적이고 친환경적 개발에 중점을 두고 있어 메콩 지역이 지속적으로 발전해 나가는 데 기여할 것이다. 또한 2015년까지 3대 분야 통합을 목표로 추진하고 있는 아세안이 회원국 간 발전격차 해소를 중요한 정책 목표로 삼고 메콩유역의 빈곤국인 CLMV에 집중적인 지원을 하고 있는 점도 긍정적이라 하겠다.

셋째, 태국·베트남은 중진국가 그룹으로서 중진국의 함정 middle income trap[138]의 위험성이 있어 성장 속도가 다소 감소할 것으로 예상되고 있기는 하나 전체적으로 메콩 지역 국가들이 태

---

[138] 세계은행의 분류에 따르면 태국과 베트남은 각각 상위권과 하위권 중진국 범주(middle income category)에 속한다.

국을 제외하고는 7% 이상의 견실한 성장세를 지속할 것으로 관측되고 있다.[139]

부정적인 요인도 존재한다. 첫째, 지역정세가 불안정해질 가능성이 있다는 점이다. 특히 최근 남중국해에서의 중국과 동남아 국가들 간의 영토 분쟁과 이를 둘러싼 미국과 중국의 대립, 메콩 지역에서의 미·중 간의 경쟁 등이 첨예화될 경우 메콩 지역의 정세에 부정적인 영향을 미칠 가능성이 있다. 또한, 태국-캄보디아 간의 국경분쟁, 메콩 수자원 이용과 홍수 방지를 둘러싼 메콩 지역국 간의 갈등이 발생할 소지도 있다. 실제로 메콩 상류 지역인 중국에서의 댐 건설을 둘러싼 갈등, 라오스·캄보디아·미얀마에서의 수력발전소 건설을 둘러싼 갈등이 내재해 있는 실정이다.

둘째, 유럽 경제위기 등 세계경제 여건이 좋지 않다는 점이다. 이는 메콩 지역 국가들의 성장을 주도하는 교역과 FDI 유입에 부정적으로 작용함으로써 성장세를 위축시킬 위험이 있다. 특히, 2000년대를 통해 중국과의 경제관계가 긴밀해진 만큼 향후 중국의 성장세가 위축될 경우 큰 영향을 받을 것으로 보인다.

셋째, 메콩 지역 국가들이 각자 다른 경제구조적 문제점을 가지고 있다는 점이다. 즉 경제가 세계화됨에 따른 제도 개혁과 이를 관리해 나가는 정부의 능력을 배양하는 문제이다. 자원부국인 미얀마나 라오스는 자원으로부터 획득된 수입의 거시

---

[139] Utsav Kumar and Pradeep Srivastava, *op. cit.*, p. 25

경제적 관리와 1차 산업 중심의 경제구조를 2·3차 산업구조로 다변화시키는 과제를 안고 있다. 중진국 그룹인 태국·베트남의 경우는 중진국의 함정을 벗어나는 성장세를 지속할 수 있는지가 관건이다. 즉, 단순조립 생산구조에서 벗어나 고부가가치가 있는 산업구조로 바꾸어 나가기 위해서 법적·제도적 틀을 개선하고, 금융 분야의 취약점을 과감히 제거해야 하며 사회안전망을 확충해야 하는 등 지난한 과제를 안고 있다.

넷째, 국내기업의 활동여건을 개선하는 문제이다.[140] 2012년 세계은행이 발표한 'Doing Business Report'에 따르면 태국을 제외한 메콩 유역국들은 모두 90위권 이하에 있다. 또한 생산 분업이 광범위하게 이루어진 이 지역에서 더욱더 과감한 교역 및 물류이동 용이화 조치가 필요한 실정이다.

이러한 부정적 여건들을 개선하기 위한 노력이 이미 시작되었는데, 일례로 'GMS Strategic Framework 2012-2020'이 이제까지 하드웨어 중심의 프로그램을 소프트웨어로 바꾸는 방향으로 GMS 프로그램의 일대 전환을 계획하고 있다.

5.2. 우리의 대응

우리나라가 지역협력 차원에서 메콩 지역과 정부 차원의 공식 협의체를 가지게 된 것은 2011년 10월에 서울에서 개최된 제1차

---

[140] ibid., pp. 24-27.

한-메콩 외교장관회의가 최초였다. 우리나라가 메콩 지역협력을 시작하게 된 것은 중국·일본·미국 등 역외국가의 메콩 지역협력 강화에 대응하고, 메콩 지역과의 개발격차 해소에 진력하는 아세안과의 협력을 심화하며, 마지막 남은 황금 투자지역으로 평가되는 메콩 지역의 경제적 잠재력을 충분히 활용하기 위해서이다.

제1차 외교장관회의에서 채택된 '상호번영을 위한 한국-메콩 간 포괄적 파트너십 구축을 위한 한강선언'에는 목표 및 원칙[141]과 더불어 6개 우선 협력 분야가 명시되어 있는데, 이는 인프라·정보통신기술·녹색성장산림 및 환경과 수자원 개발, 농업 및 농촌 개발, 인적자원 개발 등이다.

우리의 대 메콩 지역협력이 늦은 감은 있으나, 공식 협력채널이 마련되어 우선 협력 대상 분야를 정해 협력을 추진해 나가게 된 것은 다행스러운 일이라 하겠다. 정치경제적 관점에 입각해 앞에서 살펴본 메콩 지역협력의 현황이다. 우리가 미래 발전 전략을 위해 향후 이들 메콩 지역과의 협력을 추진해 나가는 데 있어서 유념해야 할 사항들을 검토해 보도록 한다.

첫째, 메콩 지역은 우리가 개발외교를 통해 우리 외교의 영역을 확대하고 국제적으로 소프트파워를 높여 나가는 데 있어

---

[141] 목표는 "한-아세안 전략적 동반자 관계를 심화하고 메콩 지역의 지속가능한 개발에 기여"하는 것이며, 원칙으로 "개방적이고 투명하며 포괄적인 관계 발전, 상호 호혜적인 양자관계 구축, 일-메콩 협력과 미-메콩 협력 등 여타 협력체와 상호 보완적 발전 추구"가 명시되었다.

서 중요한 대상지역이라는 점이다. 메콩 지역은 가장 발전이 늦은 지역으로 우리의 경제발전 경험을 절실히 필요로 하는 지역이고, 또한 우리의 발전 경험이 이 지역의 발전에 크게 기여할 수 있는 곳이다. 우리가 이들 지역의 발전에 기여한다면 이는 우리의 소프트파워를 높여주어 우리 외교가 아프리카와 중남미 등으로 뻗어 나가는 데 큰 자산이 될 것이다. 또한, 우리 외교가 4강을 넘어 세계로 뻗어 나가기 위해서는 동아시아에서 지역협력의 틀을 마련하는 것이 중요한 과제인데, 그 주요한 파트너가 아세안이다. 그리고 이 아세안과의 전략적 동반자 관계를 심화시켜 나가는 데 있어서 핵심 과제가 바로 메콩 지역과의 관계 강화이다. 2015년 아세안의 3대 공동체를 실현하는 데 있어서 아세안 회원국 간의 개발격차 해소와 연계성 증진이 가장 큰 과제이기 때문이다.

둘째, 메콩 지역에서 치열하게 전개되고 있는 강대국 간의 영향력 확대를 위한 경쟁을 염두에 두고 협력을 펼쳐 나가야 한다는 점이다. 즉, 어느 한편에 치우치는 협력을 전개하는 것은 다른 한편에 불필요한 마찰을 불러올 소지가 있다고 하겠다. 이런 관점에서 한강선언이 "일-메콩 협력 및 미-메콩 협력 등 메콩 지역 내 여타 협력체와 상호보완적 발전을 추구한다"고 하면서 중국-메콩 협력은 언급하지 않은 것은 적절치 않은 것으로 보인다.

셋째, 앞에서 전망해 본 바와 같이 메콩 지역은 경제적으로 다대한 가능성을 가지고 있어 우리에게는 매우 중요한 경제협력 상대가 될 수 있다는 점이다. 메콩 지역은 중국과 인도를 대륙으로 연결함으로써 인구 30억의 경제권을 향해 나가고 있어 경제적으로 21세기 아시아 시대의 도래를 선도해 나갈 것으로 예상된다.

넷째, GMS Strategic Framework 2012-2020이 천명한 바와 같이 메콩 지역국들은 정부의 관리능력을 향상시키는 각종 제도 개혁과 산업 구조조정, 개발정책, 거시경제 관리능력 등에서의 과감한 개혁을 해 나가야 할 상황이다. 따라서 우리의 협력 방향은 이러한 분야를 지원하는 데 초점을 맞추는 것이 효과적일 것이다.

제6장

⟨좌담회⟩
한국에의 함의

이선진, 신정승, 임홍재, 양봉렬, 조병제
사서정인(외교통상부 남아시아대양주 담당 심의관)

본 좌담회는 본문 원고 작성을 마치면서 각자 동아시아 지역협력에 관하여 중요시되는 문제들을 한 가지씩 제기하여 토론하는 방식으로 진행되었습니다. 원래는 주제별로 돌아가며 사회를 맡았으나, 독자들의 편의를 위하여 한 명의 사회자가 좌담회를 진행한 것으로 재구성하였습니다.

동아시아 지역협력의 부상

사회_1990년대 후반 이후 동아시아 지역에 다양한 지역통합 움직임이 태동해 왔습니다. 동아시아 지역협력이 급격히 증가되는 이유와 원동력은 무엇이라고 생각하십니까?

서정인_동아시아 지역협력 논의가 활발해진 것은 1997년 외환위기가 계기가 되었다고 생각합니다. 2008년 세계금융위기를 겪으면서 더욱 강화되었고요. 이는 위기에 대응해 지역 차원에서 자구책을 마련해야 한다는 공감대가 형성되었기 때문입니다.

이선진_밑으로부터의 원동력은 동아시아 지역 생산 분업이 발전되고 역내 국가들이 경제성장을 위해 다른 국가들의 경제자유화 조치를 요구한 데에서 비롯되었다고 봅니다. 또한, 역내 국가들이 동아시아 금융위기 사태를 겪으면서 유사한 경제위기에 대비해 지역협력을 추진해야 할 필요성을 몸소 체험하게 된 점도 한 요인으로 작용했습니다.

사회_동아시아 지역협력의 멤버십membership 문제와 특성은 무엇일까요? 그리고 미국 참여에 관한 의견도 함께 말씀해 주시면 고맙겠습니다.

조병제_EU나 NAFTA 등 다른 지역의 지역협력이 진행되면서 이에 대한 대응 차원에서 동아시아 지역협력 필요성이 제기된 측면이 있고, 그에 따라 방어적인 성격이 강합니다. 다만, 이 지역은 유럽이나 북미처럼 지리적 경계가 명확하지 않으면서 정치와 경제, 문화와 종교적인 면에서 다양한 구성원이 넓은 지역에 퍼져 있어 지역협력을 추진하는 구심점이 분명하게 형성되지 못하고 있습니다. 그 결과 역내 국가들 간에 회원국에 대한 합의가 어려운 상태에서 서태평양 중심의 협력과 아태지역을 포괄하는 지역협력이 병렬적으로 이루어지고 있습니다. 전체적으로 볼 때는 동아시아 지역협력은 개방적 지역주의를 지향하고 있다고 보는데, 우리로서는 이러한 추세에 반대할 이유가 없다고 봅니다.

신정승_미국의 포함 여부가 중요한 포인트인데, 미국이 아태지역을 가장 중요시하고 있고, APEC이나 환태평양경제동반자협정TPP 등을 볼 때 미국을 포함하는 것이 현명하다고 보고 있습니다.

이선진_미국을 동아시아 지역협력에 적극 참여시키는 것이 좋습니다. 다만, 미국의 참여가 동아시아 국가 간 분열을 초래하지 않도록 유의해야 하며, 이를 위해 이 지역 내 여타 국가, 특히 아세안과의 긴밀한 정책 대화가 필요하다고 생각합니다.

임홍재_미국은 정치적으로나 경제적으로 아시아태평양 지역에 매우 중요한 국가입니다. 따라서 미국을 동아시아 지역협력에 포함하여야 한다고 봅니다.

서정인_동아시아 지역협력은 1997년 아세안+3 정상회의 이후 동아시아 국가만의 프로세스였습니다. 그러나 미국이 EAS에 참석하기 시작한 2010년부터는 동아시아 지역협력 멤버십이 지역적 색채를 넘어서고 있고, EAS가 보다 큰 틀 속에서 동아시아 지역협력을 추동하는 중요한 포럼으로서의 역할을 하면서 아세안+3와 EAS가 각각 부가가치 창출을 위한 경쟁구도가 형성되고 있습니다.

사회_동아시아 지역협력에 미국을 포함시켜야 한다는 것에는 의견을 같이하고 있으나 미국의 아시아 '재균형정책'은 미국과 중국 간의 대립을 초래할 수 있는데, 이것이 동아시아 지역협력에 어떤 영향을 미친다고 보시는지요?

이선진_미국의 정책 중 TPP는 대중국 견제용인지, 아니면 수준 높은 경제자유화를 달성하기 위한 목적인지 모호합니다. 미국이 이러한 모호함을 묻어둔 채 TPP를 밀어붙인다면 역내포괄적경제동반자협정RCEP과의 갈등이 발생하고 동아시아 지역협력에 있어서 장애가 될 가능성이 있습니다.

조병제_TPP와 RCEP 간의 관계에서 보듯이 중국은 미국 주도 하의 국제질서를 존중한다고 하고 있지만 미국의 TPP에 대해서는 의구심을 가지고 있습니다. 즉, 미국은 TPP라는 고수준의 협력 프레임을 던져놓고 중국을 저울질하고 있는 반면에 중국은 RCEP에 참여하면서 이에 대응하고 있습니다.

임홍재_중국은 미국의 가치체계를 인정치 않기 때문에 향후 미국과 가치 충돌을 일으키는 방향으로 움직일 것입니다.

신정승_TPP 등 경제 분야의 지역협력기구를 두고 미중 간의 상호 갈등이 유발될 수 있겠지만, 미국의 아시아 재균형정책은 금년 초 발표된 미국의 신 국방 지침에서도 보이듯이 군사적인 면에서도 중국을 견제한다는 의미가 있다고 생각합니다.

한·중·일 협력과 동북아 지역협력

사회_어쨌든 동아시아 지역협력을 위해 미중 간의 견제와 갈등을 완화하는 것이 필요한데 그 방안은 무엇이겠습니까? 현재 한·중·일 3국 간 협력이 진행되고 있는데 여기에 미국을 추가하는 방안에 대해서는 어떻게 생각하시는지요?

임홍재_키신저가 자신의 책(《헨리 키신저의 중국 이야기》)에서 미중 간 갈등보다는 협력이 바람직하다면서 아태 지역협력의 확대를 그 예로 든 바 있습니다. 그러나 동북아 3국 간 협력에 미국의 참여는 그 가능성이 낮다고 보고 있습니다.

이선진_한·중·일에 미국을 추가하는 것은 그 실현 가능성을 볼 때 회의적입니다. 현재 동아시아 경제 흐름의 대세는 중국-아세안-인도의 축으로 움직이고 있고, 한·중·일+미국의 축으로 진행될 가능성은 적기 때문입니다.

조병제_한·중·일+미국은 경제를 넘어서는 대단히 큰 개념으로서 구체적으로 추진하기에는 현실성이 떨어진다고 봅니다.

서정인_향후 동아시아에 있어서 한국의 상대적 지위가 약해질 것이기 때문에 한·중·일+미국의 협력은 오히려 한국의 국익에 부정적으로 작용할 가능성이 우려됩니다. 차라리 현재 진행되고 있는 EAS를 적극 활용하는 것이 좋을 것 같습니다. 아울러 G-20의 아시아 그룹인 한국·일본·호주·중국·인도네시아 간 대화의 메커니즘을 발전시켜 나가는 것도 바람직하다고 봅니다.

사회_지난 20년 동안 동북아에서도 유엔이 주도한 두만강유역개발계획TRADP, 그 외 한·중·일 3국 협력이나 환동해경제권 등 지역협력에 관한 논의가 없지 않았으나 뚜렷한 진전을 보이지는 못하고 있습니다. 동북아에서 지역협력의 필요성과 전망을 어떻게 보고, 앞으로 이 분야에서 한국이 할 수 있는 역할은 어떤 것이 있다고 보십니까?

신정승_한·중·일 3국 협력에서도 현재 상황은 협력이 진전되는 것이 아니라 오히려 역진하고 있습니다. 중국의 부상과 이에 대한 일본의 반응, 역사와 영토 문제의 대두 등 쉽게 해결되지 않는 문제들이 부각되고 있습니다. 미국의 아시아 회귀도 지역협력이라는 측면에서는 부정적인 영향을 미치고 있고요. 전체적으로 동북아 지역협력의 여건은 그리 좋지 않다고 할 수 있는

데, 이러한 상황에서 한국이 엄청난 역할을 할 수 있다고 자만할 수는 없습니다. 다만, 한국이 이 지역에서 선의의 교량역할을 할 수 있는 위치에 있는 만큼 보다 능동적이고 주도적인 노력을 경주한다면 우리의 역할 범위를 확대할 수 있는 공간은 충분하다고 봅니다.

서정인_동북아 지역협력은 아직 초창기에 있고 '과연 가능할까?'라고 묻는 회의감이 상당히 퍼져 있습니다. 또한 전반적으로 정치안보적 요소가 너무 강하게 작용하고 있습니다. 그럼에도 불구하고 실질적인 진전이 있으며, 시간이 지나면서 변곡점에 다다를 수 있을 것입니다. 특히 각국의 관료집단이 경쟁적으로 추진하는 사업과 교류가 점차 확대되고 그 결과가 조금씩 누적되고 있는 현상에 주목할 필요가 있다고 봅니다. 한·중·일 3국 협력에서도 중국과 일본 두 나라 사이의 분위기가 좋지 않을 때 우리가 오히려 역할을 할 수 있는 여지가 커질 수도 있습니다.

임홍재_동북아에서는 지역협력 차원의 큰 틀을 짠 다음 구체화해 나가는 연역적인 방법보다 구체적인 성과를 다져 나가는 귀납적인 접근이 필요할 것 같습니다. 환경 분야가 하나의 모델이 될 수 있는데요, 과거 유럽에서 산성비 문제를 둘러싸고 여러 관련국들이 협의를 통해 해결한 좋은 사례가 있습니다.

사회_중국의 동북 개발 사업, 예를 들면 "창지투長吉圖"사업이 동북아 지역개발에 가지는 함의에 대해서도 의견을 듣고 싶습니다.

양봉렬_동북아 지역협력을 위해 기능주의적 접근이 필요하다는 주장은 이해할 수 있습니다. 그러나 현재 구체적이고 효과적인 방법이 없지 않습니까? 중국의 대북 진출과 관련해서는 중국이 하는 것을 내버려 두는 것이 하나의 방법이라면 방법일 수 있을 것입니다.

이선진_동남아와 중국 국경지역의 협력 경험에 비추어 생각해 보면 중국과 북한 사이의 경제협력을 막을 필요는 없다고 봅니다. 북한의 인프라 건설을 한국 혼자 감당하기는 힘들며 중국의 도움을 필요로 합니다. 또한 북한은 중국과 한국 등 주변국에 대해 깊은 의구심을 가지고 있습니다. 금강산관광사업이 북한의 총 한 방으로 사업 자체가 좌초된 사례에 비추어 볼 때, 우리는 양자 지원보다 아시아개발은행ADB과 같은 국제금융기구를 앞세우는 방법을 개발해야 합니다. 중국은 2000년대 초 동남아 국가들의 대중국 불안감을 의식하여 ADB가 추진하는 메콩지역개발사업GMS과 아세안 지원 사업 등 다자협력기구를 적극 활용했습니다. 이와 관련하여 A-GTIADB-sponsored Greater Tumen Initiative를 제의해 보고자 합니다. 우리가 큰 그림을 그려서 한번 던져볼 필요가 있습니다.

신정승_동북아 지역협력은 북한을 포함하도록 추진하는 것이 바람직합니다. 그러나 이 문제는 항상 북한 핵문제에 봉착하게 되면서 어려움을 겪었습니다. 결국 북핵 문제와 남북협력 문제를 분리해야 한다고 봅니다. 핵과 경제협력의 강한 연계를 풀지 않으면 북한을 포함하는 동북아 지역협력은 현실성이 없다고 생각합니다.

사회_기왕에 북한 문제가 나왔으니까 질문을 조금 바꾸어 보겠습니다. 그간 동아시아 지역협력은 경제가 앞서고 정치가 뒤따르는 모양새를 보여 왔는데요, 북한에 대해서도 경제가 앞서고 정치가 뒤따르는 접근 방법이 가능하거나 아니면 필요하다고 보십니까?

신정승_'정치우선'이어서는 지역협력이 안 될 것입니다. 인적·물적 교류가 선행되어 상호의존을 심화시키는 것이 정치적 변화를 가져오는 길이 될 것이라고 봅니다.

임홍재_불신의 골이 매우 깊기 때문에 쉬운 것에서 시작해 우선 신뢰를 구축하는 작업이 필요하겠지요.

양봉렬_정치적 이슈가 포함되지 않고 공통의 이익에 기여할 수 있는 사업을 발굴하는 것이 관건이라고 봅니다.

'아세안 중심주의'의 효용성

사회_아세안은 ARF, 아세안+1, 아세안+3, EAS아세안+6, EAS 확대 등 동아시아 협력체제 형성을 주도하고 있습니다. 아세안 헌장은 '아세안 중심주의'를 규정하고 이를 아세안 대외 관계의 핵심 원칙으로 강조하고 있습니다. 한국·중국·일본·미국 등은 아세안 중심주의를 지지하고 있지만, 한국에는 아세안 중심주의, 즉 아세안이 지역협력에 있어서 중심 역할을 하고 있는 현실에 대해 부정적인 의견을 가진 사람도 많은데, 이에 대한 의견을 제시하여 주시기 바랍니다.

임홍재_아세안이 주도적인 역할을 수행하고 있는 이유는 이 지역 강대국들의 주도권 싸움 때문에 아세안을 대체할 대안이 없기 때문입니다. 게다가 아세안이 지난 45년간 지역협력체를 운영하여 왔고, 최근 화제가 되고 있는 동아시아 지역협력 기구의 대부분도 그들의 제안과 주도로 설립되었습니다.

신정승_동아시아 지역협력은 한·중·일 3국 협력이 중심이 되어야 한다고 생각합니다. 이런 점에서 아세안이 내세우고 있는 아세안 중심주의에는 유보적입니다. 왜 한·중·일 3국이 아세안의 주변적 역할만 해야 하는가에 의문이 있습니다.

이선진_과거 아세안의 정치·경제적 영향력이 미약할 때 그와 같은 견해가 유효하였지만, 아세안의 현재 영향력은 그때와 전혀 다릅니다. 사회자가 언급한 대로 모든 아세안 대화상대국들이 아세안 중심주의를 지지하고 있습니다.

조병제_아세안 중심주의는 지난 수십 년간 발전해온 결과라고 생각합니다. 아세안은 아세안 지역에서 강대국의 이익이 교차되는 점을 교묘히 잘 이용해 오고 있습니다. 아세안이 대화상대국가들에게 자신들의 우호협력 조약 TAC 가입을 요구하고 있는 것이 한 예인데요, TAC는 마치 미국이 초기에 먼로주의 Monroe Doctrine를 내세워 서구 강대국 간 경쟁 속에서 미국의 이익을 보호한 것처럼 아세안도 TAC를 내세워 강대국들에게 아세안 중심주의를 인정하게 하면서 아세안의 이익을 도모하고 있습니다. 다만, 2015년 통합 과정 또는 통합 후 과정에서 내부 단합이 와해되면 아세안 중심주의는 동력을 잃을 수도 있습니다. 아세안은 이런 도전에 잘 대응해야 할 것입니다.

양봉렬_대내외 상황 변화에도 불구하고 아세안은 아세안 중심주의를 잘 견지해 왔고, 이런 기조에 변화는 없을 것으로 보입니다. 중견국인 한국으로서는 아세안 중심주의를 지지해 주는 것이 도움이 될 것으로 보입니다.

이선진_아세안 중심주의의 현실적인 의미는 아세안이 동아시아 지역협력 기구의 의장이 되어 회의의제와 의장성명 채택을 주도하고, 회의 장소도 아세안 지역에서만 개최한다는 것을 뜻합니다. 한편, 앞에서 지적한 대로 그동안 여러 차례 아세안의 분열 위기가 있었으나, 아세안 회원국들은 분열보다 단합이 주는 이익을 과거에 축적한 경험을 통하여 알고 있습니다. 아세안이 단합을 유지하는 것이 국제적으로 자신들의 위상을 높이고, 지역 경제 통합이 주는 시너지 효과를 거둔다는 사실을 잘 인식하고 분열을 봉합했습니다.

신정승_어렵겠지만, 아세안은 회의 운영을 대화상대국들에게도 개방해야 한다고 생각합니다.

서정인_아세안 관련 회의 운영 등 아세안이 주도하는 절차적 아세안 중심주의는 인정해야 할 것 같습니다. 다만, 아세안이 아세안 내 후발국의 입장을 고려하여 내용면에서 최소주의를 선택하는데, 이는 아세안뿐만 아니라 동아시아 협력의 장래를 위해서도 바람직하지 않다고 봅니다. 따라서 우리는 아세안이 절차뿐 아니라 내용면에서도 명실상부한 아세안 중심주의를 견지하도록 아세안 후발국의 역량 강화를 위해 지원해 줄 필요가 있습니다.

이선진_이와 같이 동아시아 지역협력기구의 중심 역할을 하려는 아세안을 이해하지 못해 한국이 낭패를 당한 사례가 있습니다. 한국이 2010년 싱가포르에서 개최된 ARF 회의에서 금강산 관광객 피격 사건을 제기하며 아세안의 지지를 기대하였으나 아세안은 우리를 지지하지 않았습니다. 이와 같이 아세안은 역외 국가들의 주장에 대해 아세안 중심으로, 즉 남북한에 대하여 등거리 원칙을 적용한다는 아세안 입장을 견지하고 이를 밀어붙였던 것입니다.

임홍재_아세안이 아세안 중심주의를 계속 유지해 나가려면 아세안은 경제적으로 발전하고 자체적으로 개혁도 해 나가야 합니다. 기존의 아세안 방식만으로는 아세안 중심주의를 유지해 나가기에는 한계가 있을 것이기 때문이죠. 특히 아세안 10개국보다 인구가 많은 중국과 인도의 경제가 아세안을 앞설 경우 아세안 중심주의는 그 힘을 잃을 수도 있을 것입니다.

지역협력을 대하는 한국의 자세

사회_한국은 동아시아 지역협력의 초기 단계에서 아세안+3의 비전그룹EAVG 좌장을 맡아서 지역협력 증진 방안을 정상들에게 건의하기도 하였습니다. 그 후 많은 지역다자협의기구가 생기고 활성화되고 있으나 한국은 오히려 이에 소극적인 자세를 보이고 있습니다. 이와 관련해 한국이 가장 관심을 가져야 할 지역다자협의기구는 무엇이라고 생각하십니까?

조병제_한국은 APEC, 아세안+3, EAS 어느 한 가지 기구에 치중하기보다 다양하고 다층적인 지역협력이 이루어지는 가운데 운신의 폭을 넓히도록 노력해야 합니다.

서정인_동감입니다. 특정 회의체에 '올인'하기보다 복합적 네트워크를 구축하는 것이 바람직합니다. 한국은 아세안+3와 EAS를 상호 보완적으로 발전해 나가도록 역할을 해야 합니다. 아세안+3는 통상·금융·식량안보 등 기능협력의 틀로 특화하고, EAS

는 기후변화·해양안보 등 동아시아의 글로벌 책임을 논의하고 기여하는 포럼으로 정착시켜 나갈 수 있을 것입니다.

임홍재_아직 생성단계에 있지만, 한·중·일 3국 협력체가 중요하다고 봅니다. 방대한 시장을 형성하고 있는 3국 간 경제 및 문화적 교류와 협력은 인적·물적·지리적 연계를 강화시켜 이 지역의 평화와 안정을 정착시키는 데 기여할 것입니다. 한·중·일 FTA가 체결되면 이런 노력에 크게 기여할 것으로 보입니다. 세 국가 간 평화를 확보하고 두 강대국 사이에서 우리의 안보와 번영을 누리려면 유럽 통합에 기여한 장 모네(Jean Monnet) 같은 비전을 가진 지도자가 한국에서 나와야 할 것입니다. 그다음이 아세안인데요, 인구 6억 명에 GDP 1조 7000억 달러의 경제 규모를 가지고 있는 곳입니다. 우리의 경제 진출에서 교역 2위, 투자 2위에다 매년 4백만 명이 방문하고 있고, 우리 국민 30여만 명이 거주하고 있습니다. 또, 한류가 왕성하게 전파되고 있으며, 천연자원이 풍부한 지역입니다.

신정승_한국이 가장 관심을 가지고 있는 지역기구는 아세안+3입니다. 아시아 금융위기 이후 동아시아 지역협력의 필요성이 부각되면서 한국이 주도적으로 참여했고, 한국의 위치로 볼 때 앞으로도 상당한 역할을 할 수 있는 협력기구입니다. 다만, 미국의 아시아 회귀와 더불어 EAS의 비중이 더욱 확대될 것이 예상되기도 합니다.

양봉렬_한국은 EAS의 발전을 위해 적극적인 역할을 할 필요가 있다고 봅니다. EAS는 동북아와 동남아 국가뿐 아니라 미국·인도·러시아 등이 참가하고 있어 포괄적인 지역협력체의 성격을 띠고 있으므로 우리의 전략적 이해에 가장 적합한 기구입니다.

사회_그렇다면 한국 외교에 있어 동아시아 지역기구의 중요성은 무엇이라고 보십니까?

신정승_현재 미국이나 중국 등 주요국들이 지역다자협력체를 중시하고 있는 상황입니다. 한국 같은 중견국은 이러한 지역협력체에서 이슈별로 유사한 입장을 가진 국가들과의 연계를 통해 자신의 발언권을 확대하고 안보·경제 분야에서 국익을 확보하도록 하는 것이 중요합니다. 다양한 다자 간 협의체에 적극적으로 참여해야 합니다.

양봉렬_동아시아는 우리의 안보에 절대적인 영향을 미치고 있고, 교역이나 투자 등 경제면에서도 가장 큰 영향을 주는 지역입니다. 대국에 둘러싸인 한국이 주변 정세를 관리해 나가기 위해서 대국과 동아시아 중소국가들이 함께 참여하는 지역협의체에서 주도적인 역할을 하는 전략이 필요합니다. 동아시아 지역협력을 우리 외교의 중심 정책과제로 삼아야 할 것입니다.

임홍재_벨기에가 유럽 통합의 중심이라는 기능을 수행하면서 독일과 프랑스 두 대국 사이에서 자국의 안보와 평화를 확보하듯이, 한국이 중국과 일본 두 강대국 사이에서 안보와 평화를 확보해 나가는 방안을 적극 개발해야 합니다. 한·중·일 3국 협력에 대하여 좀 더 주도적이면서 적극적으로 한·중·일 3국 FTA 체결도 밀고나가야 한다고 봅니다.

조병제_지역다자외교는 동북아시아에 자리를 잡아 강대국에 둘러싸인 한국이 지정학적 입지를 극복하여 외교적 운신의 폭을 넓힐 수 있는 유력한 방안이 될 수 있습니다. 특히, 중견국인 한국의 입장에서 아세안과의 유대를 강화하는 것이 긴요합니다.

서정인_특정 대국이 리더십을 발휘하기 어려운 이 지역의 정치 역학 구조를 감안할 때, 아세안이 동아시아 지역협력체를 주도할 가능성이 높은 상황입니다. 중견국인 한국이 중소국가군인 아세안과의 공동 리더십shared leadership을 통해 동아시아 지역협력체를 이끌어가는 집단지성이 필요할 것으로 생각합니다.

이선진_중견국인 한국이 강대국 사이에서 자신의 안전과 번영을 위해서는 지역다자 기구의 중요성을 인식하고 아세안과의 연계를 강화해야 한다는 점에서 모두 의견을 같이 하고 있군요.

사회_네, 모두들 좋은 의견 감사합니다. 참석자들의 의견이 다른 부분도 많았지만, 동아시아 지역협력에 관하여 다음 부분은 의견의 일치를 보았다고 할 수 있겠군요. 첫째, 미국과 중국을 포함하여 이 지역 내 대국들의 견제와 대립이 계속되는 한 앞으로 지역다자협력기구의 중요성은 계속 높아질 것이다. 둘째, 대국들이 상호 불신과 전략적 견제를 계속하는 한 지역협력을 강화하려는 노력은 불가피하게 아세안 중심으로 이루어질 가능성이 크다. 셋째, 이를 감안하여 한국은 지역다자협력기구에 대한 외교를 강화해야 한다. 마지막으로, 무엇보다 아세안과의 정책 대화를 강화하여 '중견국가' 사이 협력 체제를 구축함으로써 미·중 갈등이 악화되는 것을 방지하는 한편, 동아시아 지역협력을 활성화시킬 수 있는 방안을 개발해야 한다. 이상이 이번 좌담회의 결론이라고 볼 수 있겠습니다.

최근 뉴스를 보니 중·일 간 무력분쟁의 위험성이 높아지는 등 동아시아 지역에 긴장이 다시 고조되고 있는데, 부디 서로가 상생하고 함께 번영할 수 있는 지역협력이 이루어졌으면 하는 바람입니다. 좌담회는 이것으로 마무리하겠습니다.

참고문헌

제1장. 동아시아 지역주의: 태동과 발전

■ 논문 및 단행본

Acharya, Amitav, 2002, *Regionalism and Multilateralism: Essays on Cooperative Security in the Asia-Pacific*, Singapore: Times Academic Press

Aggarwal, Vinod and Peter Volberding, 2010, 'Beyond Bogor: Reflection on APEC's Future', *Japan Spotlight*, September/October 2010, pp. 10-13

Katzenstein, Peter J., 1996, 'Regionalism in Comparative Perspective', *Cooperation and Conflict*, Vol. 31, No. 2, pp. 123-159

Kang, David C., 2002, *Crony Capitalism: Corruption and Development in South Korea and the Philippines*, Cambridge and New York: Cambridge University Press

Katzenstein, Peter J., Natasha Hamilton-Hart, Kozo Kato and Ming Yue, 2000, *Asian Regionalism*, Ithaca, N.Y.: East Asia Program, Cornell University

Kazuhiko Ishida, 1994, 'Japan's Foreign Direct Investment in East Asia: Its Influence on Recipient Countries and Japan's Trade Structure', in Philip Lowe and Jacqueline Dwyer (eds.), *International Integration of the Australian Economy*, Reserve Bank of Australia, proceedings of a conference held at the H.C. Coombs Centre for Financial Studies, Kirribilli, 11-12 July 1994

Krugman, Paul, 1998, 'What Happened to Asia', paper for a conference in Japan, January 1998(http://web.mit.edu/krugman/www/DISINTER.html)

Langhammer, Rolf J., 1999, 'Regional Integration of APEC Style: Lessons from Regional Integration EU Style', *ASEAN Economic*

Bulletin, Vol. 16, No. 1, pp. 1–17

Lincoln, Edward J., 2001, 'Taking APEC Seriously', Brookings Policy Brief Series No. 92

Lipscy, Phillip Y., 2003, 'Japan's Asian Monetary Fund Proposal', *Stanford Journal of East Asian Affairs*, Vol. 3, No. 1, pp. 93–104

Ravenhill, John, 2009, 'East Asian Regionalism: Much Ado About Nothing?', *Review of International Studies*, Vol. 35, pp. 215–235

Sheng Lijun, 2003, 'China-ASEAN Free Trade Area: Origins, Developments and Strategic Motivations', ISEAS Working Paper: International Politics & Security Issues Series No. 1

Yeo, Lay Hwee, 2010, 'Institutional Regionalism Versus Networked Regionalism: Europe and Asia Compared', International Politics, Vol. 47, No. 3–4, pp. 324–337

박번순, 2002, 〈아시아 경제, 힘의 이동〉, 서울: 삼성경제연구소

박번순 외, 2005, 〈아시아 경제, 공존의 모색: 중국의 부상과 동아시아의 생존전략〉, 서울: 삼성경제연구소

이선진, 2011, '중국의 대동남아 전략: 현황과 전망', 이선진 외, 〈중국의 부상과 동남아의 대응: 대사들의 진단〉, 서울: 동북아역사재단, 49~81쪽

이선진, 2011, '인도네시아의 대중국 관계: Free & Active', 이선진 외, 〈중국의 부상과 동남아의 대응: 대사들의 진단〉, 서울: 동북아역사재단, 215~248쪽

経済産業省(경제산업성), 2010, 〈通商白書 2010年版(2010년 통상백서)〉

水本 達也(미즈모토 다쓰야), 2006, 〈インドネシア―多民族国家という宿命(인도네시아 - 다민족국가의 숙명)〉, 中央公論新社(중앙공론신사)

■ 신문 기사·사설

'East Asia Summit: in the shadow of sharp divisions', *People's Daily*, 2005. 12. 7.

William Safire, 'On language: Crony capitalism', *The New York Times*, 1998. 2. 1.

■ 웹사이트

'Regionalism (international relations)', Wikipedia
 http://en.wikipedia.org/wiki/Regionalism_(international_relations)
 (2012년 11월 7일 열람)
'Foreign relations of China', Wikipedia
 http://en.wikipedia.org/wiki/Foreign_relations_of_China (2012년 12월 열람)

제2장. 한중일 지역협력과 3국 정상회의

■ 논문 및 단행본

Bader, Jeffrey A., 2012, *Obama and China's Rise: An Insider's Account of America's Asia Strategy*, Washington, DC: Brookings Institution Press

Department of Defence, United States of America, 2012, 'Sustaining U.S. Global Leadership: Priorities for 21st Century Defense' (http://www.defense.gov/news/defense_strategic_guidance.pdf)

Kissinger, Henry, 2011, *On China*, New York: Penguin Press (《헨리 키신저의 중국 이야기》, 권대기 옮김, 서울: 민음사, 2012)

Rozman, Gilbert, 2004, *Northeast Asia's Stunted Regionalism: Bilateral Distrust in the Shadow of Globalization*, Cambridge and New York: Cambridge University Press (《동북아시아 지역주의: 국가 간 불신, 세계화, 그리고 정체된 협력》 이신화·김동중·이성용 옮김, 박영사, 2007)

김성철, 2007, 〈일본외교와 동북아〉, 서울: 한울아카데미

한중일3국공동역사편찬위원회, 2006, 〈미래를 여는 역사〉, 서울: 한겨레신문사

제3장. 두만강 유역 개발의 새로운 가능성 모색

■ 논문 및 단행본

Davies, Ian, 2000, '(Regional Cooperation in Northeast Asia) The Tumen River Area Development Program, 1990-2000: In Search of a Model for Regional Economic Cooperation in Northeast Asia', North Pacific Policy Papers No. 4

Tumen Secretariat, 2012, 'GTI Interim Progress Report, October 2011 - February 2012'

김익수, 1994, 〈두만강지역개발사업과 한반도: 북한의 나진·선봉자유경제무역지대 진출에 관한 우리의 전략구도를 중심으로〉, 서울: 대외경제정책연구원

박동훈, 2010, '두만강지역개발과 국제협력: 중국 '창지투 선도구' 건설의 국제환경 분석', 〈한국동북아논총〉 57호, 191~211쪽

양운철, 유현정, 2012, 〈창지투 개발계획과 동북아 경제협력〉, 서울: 세종연구소

윤승현, 2009, '두만강지역의 신개발 전략과 환동해권 확대 방안', 강원발전연구원

이성우, 2010, '두만강 개발과 동아시아 다자협력의 전망: 동아시아 다자협력체의 건설을 중심으로', 제주평화연구원 JPI 정책포럼 No. 2010-20

이옥희, 2011, 〈북·중 접경지역: 전환기 북·중 접경지역의 도시네트워크〉, 서울: 푸른길

이재영·파벨 미나키르·이철원·황지영, 2010, 〈한·러 극동지역 경제협력 20년: 새로운 비전과 실현방안〉, 서울: 대외경제정책연구원

정여천 편, 2008, 〈러시아 극동지역의 경제개발 전망과 한국의 선택〉, 서울: 대외경제정책연구원

조명철·김지연, 2010, 〈GTI(Greater Tumen Initiative) 추진동향과 국제협력방안〉, 서울: 대외경제정책연구원

최명해, 2012, '중국의 '두만강 이니셔티브'와 정책적 시사점', 삼성경제연구소

최우길, 2010, '중국 동북진흥과 창지투(長吉圖)선도구 개발계획: 그 내용과 국제정치적 함의', 〈한국동북아논총〉 57호, 35~59쪽

■ 신문 기사·사설

'러시아, "北 나진항 공동개발 하자" … 포스코에 러브콜,' 매일경제, 2012년 11월 23일

'中 두만강 지역 '훈춘 국제합작시범구' 착공', 연합뉴스, 2012년 5월 30일

〈창지투의 거점 지린성〉 中 새로운 경제 중심지로 부상하는 지린성', 아주경제, 2012년 6월 18일

■ 웹사이트

Greater Tumen Initiative http://www.tumenprogramme.org/

대한무역투자진흥공사(KOTRA) http://www.kotra.or.kr/

'두만강 유역 개발 계획', 네이버 지식백과 http://terms.naver.com/entry.nhn?cid=3435&docId=944485&mobile&categoryId=3435

제4장. 2015년 아세안 통합

■ 논문 및 단행본

Das, Sanchita Basu (ed.), 2012, *Achieving the ASEAN Economic Community 2015: Challenges for Member Countries and Businesses*, Singapore: Institution of Southeast Asian Studies

Economic Research Institute for ASEAN and East Asia (ERIA), 2012, 'Mid-Term Review of the Implementation of AEC Blueprint: Executive Summary'

International Monetary Fund (IMF), 2012, *World Economic Outlook, April 2012: Growth Resuming, Dangers Remain*, Washington, DC: International Monetary Fund

Severino, Rodolfo C., 'The ASEAN Way and the Rule of Law', International Law Conference on ASEAN Legal Systems and Regional Integration, Kuala Lumpur, 3 September 2001

이원형, 2011, '중국의 위협론과 아세안의 관여정책: 남중국해 문제를 중심으로', 〈중국의 부상과 동남아의 반응: 대사들의 진단〉, 서울: 동북아

역사재단, 251~281쪽

이재현, 2009, '한-아세안 특별 정상회의 평가 및 향후 과제', 외교안보연구원 주요국제문제분석 No. 2009-20

임홍재, 1998, 〈경제협력개발기구: 세계경제 논의의 포럼〉, 서울: 지식산업사

정상화, 2012, '2012년 동아시아 정상회의', 세종연구소, 〈정세와 정책〉, 2012년 12월호, 18~21쪽

■ 신문 기사·사설

'After Phnom Penh AMM Failure: ASEAN Needs To Regain Cohesion And Solidarity – Analysis', *Eurasiareview*, 2012. 7. 22.

'Asean at 45: torn between US protection and Chinese trade', *The Nation*, 2012. 10. 19.

'ASEAN chief says region's single market goal still on track', *GMA News*, 2012. 9. 13.

'ASEAN Connectivity: Political will and money', *The Nation*, 2012. 9. 17.

'Asean Front and Center: From talking-shop to crucible of big-power politics', *Asia Sentinel*, 2012. 9. 7.

'Asean must remain the heart of Pacific', *The Nation*, 2102. 10. 6.

'ASEAN's Missed Opportunities', *Asia Sentinel*, 2012. 10. 3.

'M'sia prepared to help resolve problems in Asean: Anifa', *The Sun Daily Malaysia*, 2012. 10. 8.

'Only 8% of Thai enterprises prepared for Asean trade zone: Poll', *Pattaya Mail*, 2012. 9. 25.

'Time for a new ASEAN way', *Asia Times*, 2012. 9. 11.

■ 웹사이트

아세안통계국	http://www.asean.org/resources/2012-02-10-08-47-55
외교통상부	http://www.mofat.go.kr/
한-아세안센터	http://www.aseankorea.org/
행정안전부	http://www.mopas.go.kr/

제5장. 메콩 지역협력 현황과 우리의 대응

■ 논문 및 단행본

Kumar, Utsav, and Pradeep Srivastava, 2012, 'Growth in the Greater Mekong Subregion in 2000-2010 and Prospects', conference on GMS 2020: Balancing Economic Growth and Environmental Sustainability, pp. 4-33

Yoshimatsu, Hidetaka, 2010, 'The Mekong Region, Regional Integration, and Political Rivalry among ASEAN, China and Japan', *Asian Perspective*, Vol. 34, No. 3, pp. 71-111

김태윤 외, 2012, 〈메콩지역 개발 전략: 태국, 캄보디아, 라오스〉, 서울: 대외경제정책연구원

대외경제정책연구원, 2011, '대메콩지역외교강화방안'(내부자료)

이선진, 2011, '중국의 대동남아 전략: 현황과 전망', 이선진 외, 〈중국의 부상과 동남아의 대응: 대사들의 진단〉, 서울: 동북아역사재단, 49~81쪽

■ 웹사이트

中华人民共和国中央人民政府门户网站(The Chinese Central Government's Official Web Portal) http://www.gov.cn/